風情普洱

纯净本真之旅

CHUN JING BEN ZHEN ZHI LU

梁荔 刘军◎著

◎顾桃

普洱市旅游发展委员会 编

云南出版集团

云南人民出版社

编委会名单

/顾　桃

行走普洱

世界太挤了。一模一样的高楼大厦太挤了，铺天盖地的广告太挤了，熙熙攘攘的人群太挤了，千人一面的生活模式太挤了，被扯成碎片的时间太挤了……

能否让我寻一处自由闲适、安放梦想的纯净之地？让我行走于生机勃勃、苍茫广袤的大地；让我在蓝天下，观行云流水，苍穹下，等待星空如花朵般无声绽放；让我回归本真的初心，了悟生命的丰盛。

那一天，山水相依，如诗如画，穿梭于梅子湖弯弯曲曲的栈道，斑驳的光影，清凉的微风，看树叶飘飘然落下，生活如诗般绚烂，生命如画般美妙。

那一天，山花烂漫，野趣横生，徜徉于古树峥嵘、苍藤缠绕的普洱国家公园，犀牛在草地翻滚，长臂猿在林间游荡，蝴蝶在山谷起舞，鸟儿在枝头歌唱，开着永不停歇的森林音乐会。

那一天，密密的寨子，妖娆的筒裙，雄浑的象脚鼓，晶莹的水珠，随风飘扬的经幡，萦绕在亘古的娜允古城。

那一天，秀美龙潭，云里雾里，山上山下，神灵皆醒。

那一天，轰鸣的木鼓，熊熊的篝火，飘洒的长发，醇香的水酒，佤部落的狂欢没有末章。

那一天，八旬老人，三岁孩童，激扬的青春合奏出拉祜人的岁月，想起就让人流泪的老达保。

那一天，景迈的古树，翁基的寺，糯干的寨子，哎冷的魂。依靠在老木屋前的布朗阿奶哟，大大的耳洞挂着银质的环，长长的烟斗吐着浓浓的烟，听不懂汉语的阿奶哟，腼腆的一笑似新娘。

那一天，迂回曲折的古道，川流不息的马帮，清脆嘹亮的马铃，历久弥香的普洱，挥舞的马鞭，飘扬的情歌穿越虎斑霞绮、林籁泉韵。

那一天，振太的田园，紫马街的石；兴隆的鹭鸶，难搭桥的影；无量的剑湖，哀牢的猿。

那一天，挂满枝头的三丫果染红了鸡鸣三国的城，江水尽，爱不绝，城有界，情无限。

那一天，在北回归线许下爱情的誓言，在太阳转身的时候绽放双胞的笑颜，封火楼里的浪漫演绎成一首首缠绵的情歌。

那一天，豆汤米干大红菌，咖啡石斛普洱茶；糯米粑粑竹筒饭，佤族稀饭紫米粥；油炸蜂蛹蚂蚁蛋，黄牛干巴包烧鱼；饕餮盛宴，芳香四溢，珍馐美味，大快朵颐。

那一天，飘扬在怀旧音吧里的一首首老歌吹动的不是伤感而是情，飘散在金菩提里的咖啡香气馥郁，促动内心柔软的情愫弥漫开来。自然简单随性的帝泊洱 TEA 吧让时间变得很慢很慢。

那一天，瑰丽斑斓的绝版木刻在古道博刻和“空山”里张扬，青春的梦想在艺术的殿堂里飞舞。

那一天，赞美普洱那首最美的诗，已经深深地镌刻在了心坎上，只有穿过我的心房才能解读。

那一天，春风吹散了我们的脚印，可是留下的都是故事。

携一颗青春的心，让我们带着爱，行走普洱！

节日盛宴

普洱——

水乳交融的大地 风情迷人的族群

还是那句老话：熟悉的地方没有风景。

离开熟悉的地方，你想去哪里？

去云南普洱吧！

如果你是摄影家，就去普洱捕捉镜像；如果你是画家，就去普洱寻找灵感；如果你是诗人，就去普洱体验心灵的震撼；如果你只想放下身边的熙熙攘攘，又避开那些被商业宣传和华丽辞藻反复堆砌的旅游胜地，来一次纯粹的本真之旅，那就去普洱——

一方异彩纷呈的大国边地，一块源远流长的古普洱府域中心地带，一个世居着13种少数民族的滇西南绿色王国，一片于世俗生活中流溢着诗意的乐土。

在这里，你会看到不同的习俗、不同的语言、不同的爱情表达方式，真实地存在于各个民族的日常生活中，而不是在一些所谓的“民族村”里看到的被移植和具有“表演”性质的少数民族风情。

在这里，你想起“故乡”这个词就会想到“世俗的乐园”。其实这里不但是世俗的乐园，还是神的寓所，无论在大路边、榕树下、山林中、小溪旁，你都可以看到人们与神沟通的种种物迹。

那么，就去普洱吧，踏上这块没有华丽文字和艳俗光影的土地，去发现那些久违的别处风景，聆听那些远古的离奇故事，感受一种质朴的别样风情，一种物欲、伪饰和机谋荡涤不去的意境，一种融入大自然的城市之外的文明。

作为古代“蛮荒之地”的云南，常常让人想到“流放、避难”这样的词，除了居于高山深谷中的原住民，很多是因战乱或政治原因来到这里的各民族，显然，他们进入并被这块大地吸纳，而且经过多次融合形成了现在的各少数民族。

几年前从省道0538线跨墨江经新平的嘎洒至镇沅，来到哀牢山主峰森林最茂密的地方，在镇沅县九甲乡境内一个叫果吉的村子里，我们观看了一场由村民自演的折子戏，剧目中有《六国封相》《三战吕布》《龙虎相会》《存孝收节海》《天宫》《白猿偷桃》等历史、宗教题材。这就是著名的中原古老剧种“杀戏”啊，因所演剧目多为砍砍杀杀而得名，所以许多老人管它叫“老砍刀戏”，它已经在果吉村流传了200多年。

果吉村的人说，他们的先人是从遥远的江西躲避战乱而逃进这里的深山。200多年来，他们代代相传，每到春节和农历正月五、六日的“秧苗会战”“保苗会战”时，村里就上演“杀戏”，祭拜一尊“花灯大神”，据说这个大神是唐朝天子李世民。

果吉村离迄今为止已发现的世界上活着的树龄最大的野生型茶树王所在地千家寨不远。名叫千家寨的地方事实上却渺无人烟，传说 19 世纪中叶，曾经有农民领袖李文学率领 5000 起义军驻扎此地而得名。这里原始森林密布，分布着上千种植被类型，其中有罕见的野生古茶树群落。果吉村人就藏匿其中。为了记住从“江西”来的祖先，果吉村人在祭品中总要放一块生姜，是为取其“江”之谐音。

照理说，果吉村民的祖上是 200 多年前才迁入的，应当不会是当地的少数民族了，然而不是，果吉村除了汉族外好大一部分人是彝族或是拉祜族苦聪人。这就是民族融合现象了：外来的族群与当地少数民族通婚，变服从俗，融合到他们当中去，变成了当地少数民族。

这种发现在普洱行走你会见怪不怪，因为普洱自古就是一条民族迁徙的走廊，曾经是古代氐羌、百越、百濮三大族群南来北往迁徙融合之地，是汉文化与多民族文化共生共存的板块，至今市内仍居住着包括汉族在内的 14 个世居民族和上百种民族支系。

如果你到澜沧、孟连、西盟这个称之为“绿三角”的边地旅游区域去走村串寨，你会发现相隔几里路的两个寨子的佤族居然听不懂对方的话：他们来自于不同祖源，曾经分属于不同的部落。同在一个行政村的傣族，他们的祖先一部分来自 700 多年前的德宏，一部分来自 200 多年前的泰国曼谷。生活在这里的哈尼族爱伲人竟能用娴熟的汉语普通话与你对答，还同时能讲当地拉祜族语、佤族语和傣族语。……

这些奇遇也没什么了不起，因为你到了普洱。普洱的各民族，无论来自遥远的北方，还是来自濒临大海的南方，或来自太阳升起的东方，也无论他们操着何种语言，生活习俗和宗教信仰有无殊异，他们都共同生活在这块土地上，互相尊重、理解，创造了丰富多彩的民族文化，展现了风格各异的民族风情。被称为“新中国民族团结第一碑”的普洱民族团结誓词碑，目前中国保存最完好的一座傣族古镇孟连娜允，耳熟能详的《芦笙恋歌》及其主题歌《婚誓》，脍炙人口的《阿佤人民唱新歌》，这里处处展示着灿烂夺目的民族文化风采。

从汉明帝在王朝版图上设立了最边远的永昌郡，汉文化就开始向这块土地渗透，加上以后中原王朝的不断“移民实边”和“屯田”，把中原文化源源不断地注入边地，使普洱这片遥远的“蛮夷之地”与中原建立了一种无法割舍的血缘联系。

同时，作为云南通往周边国家的水陆通道，古普洱府域“陆路连三国，水路通五邻”，在历史上对中国西南与域外邻国的经济文化交往起着积极的作用，是“西南丝绸之路”的一条古道。普洱除了在地缘上直接与越南、老挝、缅甸相连，境内大多世居民族与境外同一民族相邻而居，他们语言相通，风俗习惯、宗教信仰相同，相互之间保持着密切的经济文化联系。

与东南亚的天然地缘整体，使得普洱从久远的古代就与之有着交通往来，大大小小的自然通道，以及由此形成的民族走廊，把普洱与东南亚的经济和文化紧密地联系在一起。因此，行走在普洱，仅一些小小的细节，都会让你感觉到与众不同的边地风情：

如果你到了一城连三国的江城，你会看到这里的大小商铺，有着用中、老、越三个国家的语言制作商店名和注释所售商品类别。而每遇“中老越三国丢包狂欢节”这样的日子，你还可以到那里尽领异域风情，婀娜多姿的越南美女自不必说，还有来自千佛之国老挝的上乘歌舞表演也让你眼花缭乱，更有“国际牛体彩绘大赛”，三个国家，多种民族的高手们都在牛身上大展技艺，很是过瘾。

大江大河自古就是民族移动的通道，被称之为“东方多瑙河”“民族走廊”的澜沧江穿过普洱。而且，位于澜沧江中游地带的普洱是古代三大族系古老文化相交融汇的奇特地区，这里有百濮后裔的民族上与氐羌后裔的民族交错杂居，下与百越族群杂居相处。这种立体的民族分布现象，与立体的地貌、立体的气候、立体的植被，水乳交融，形成了独特的引人注目的奇异现象。南来的东南亚文化和北来的汉文化以及当地的各少数民族文化在这个美丽的区域交汇，在相互影响相互融合中，各个民族仍然保持着各自的文化、生存方式、宗教习俗的相对独立和稳定。不同的文化背景，不同的民风民俗，在同一片土地上盛开出色彩斑斓、奇异惊艳的边地风情之花。

在这片阳光充足的土地上，隐藏着许多随意而安，又传承着祖先血脉的生命群体。总之，普洱这方土地实在是——风情奇趣，且等你——去普洱捕风、纵情、探奇、拾趣！

目录 Contents

普洱——水乳交融的大地 风情迷人的族群

目录 Contents

去普洱捕风

盛装彝家女

13 个世居少数民族百样花

普洱市除一个思茅区外，9 个县都是少数民族自治县，世居着 13 种少数民族。其中，澜沧为全国唯一的拉祜族自治县，墨江为全国唯一的哈尼族自治县，西盟是全国仅有的两个佤族自治县之一。少数民族人口占总人口的 61%。

这 13 个世居的少数民族分别是哈尼族、彝族、拉祜族、佤族、傣族、布朗族、回族、白族、瑶族、傈僳族、苗族、蒙古族、景颇族。其中白族、苗族、傈僳族、蒙古族和景颇族的人数较少，除了近十多年通过政府移民工程从昭通市、怒江州迁来的部分苗族和傈僳族，基本不着民族服装，也难找聚居的村落，所以见了你也未必知道他们是少数民族。

而哈尼族、彝族、拉祜族、佤族、傣族、布朗族、瑶族等民族都保留着独特浓郁的民族文化。走进普洱，你会发现，你走进了一个巨大的民族风情园，园中村村寨寨都有故事，一人一物皆是风景。

虽然是 13 个民族，但有上百个民族支系，每个民族甚至每个民族支系都有自己的节日和歌舞，佤族的木鼓节，甩发舞；傣族的采花泼水节，象脚鼓舞；彝族的火把节，羊皮鼓舞；拉祜族的葫芦节，

摆舞；哈尼族的十月年，扭鼓舞……能歌善舞的少数民族使这块土地涂上了浪漫传奇的色彩。不同的民族不同的支系有不同的历史和史诗、神话与传说。他们用各自的声音解释着世界的起源，和他们祖先迁徙到这片土地的经历。

西盟佤族是一个自认从洞穴里走出来的古老民族，是我国56个民族中在新中国建立之前还保持着原始社会形态的少数民族。由于社会形态的直接过渡，使得西盟佤族传统文化更具有深入发掘的价值。因为没有文字，佤族仅靠言行记录的文化体系，印刻着原始社会末期的佤族先民对于自然和人类的古老认识，内涵非常丰富。他们简朴贫乏又感恩快乐的“天人合一”的生活，又为其文化增添了与众不同的浓郁的民族风情。因此，有更多的学者和旅人来到阿佤山，探究久远的万物有灵信仰，神秘的咒语，奇异的通天神器木鼓，勇武的剽牛和砍牛尾巴仪式，鲜为人知的司岗里祈祷词。

墨江县是全国唯一的哈尼族自治县，这里生活着哈尼族中的白宏、毫尼、卡多、碧约、腊米、卡别、切弟、西摩洛、阿木9个支系。千百年来，他们一直默默耕耘着以人间奇迹著称的高山梯田，演绎着多彩的民族文化，墨江因此成为研究哈尼文化的重要区域。

其余如澜沧是研究拉祜族文化的重要基地；孟连是傣族四大支系的唯一文化交汇点，有“云南十大名镇”之一、研究傣族贵族文化的“目前中国保存最完好的一座傣族古镇”娜允镇，等等。

如此种种，说普洱民族文化是云南民族文化的缩影版也并非夸张。

尽管13个民族开出了百样花，但有一点是共同的：他们勤劳善良，热情友爱，崇尚自然。

处于地球北回归线最大绿洲之中的普洱，自古便以其森林密集、水土丰沃、气候宜人留住了多个少数民族迁徙的脚步，他们在这里耕耘，安居乐业，创造了多姿多彩的山地文化。尽管用现代的眼光看待少数民族的生态环境意识是那么“原始”，似乎登不了“科学”的大雅之堂，但就是这种对大自然生态环境朴素的认识，让各民族在这块土地上繁衍生息，发展前进，并为我们保留下一块至今可以骄傲宣称的“绿海明珠”“天然氧吧”。

哈尼族、彝族、傣族等少数民族都用神林的方式保护水源林，称之为“竜林”，每年都要进行祭祀。在寨子附近，必定有一片郁郁葱葱的古树林和几蓬苍翠竹林。无论村寨周围有多少被耕种的梯田山地，这片“竜林”一定保存完好。

拿哈尼族来说，竜林是哈尼族村寨保护神的居所，被视为能决定一个村寨兴衰祸福的神圣之地。村寨附近的这片林子在每个哈尼人心中的地位有如宗教，他们不会动林子里的任何枝叶，不会让污秽的东西染指它，就连撒尿也不能对着竜林方向，男女青年都不能到竜林里去谈情说爱。

各民族对竜林的崇拜，其实就是对自然的崇拜。对于他们来说，神就是林，林就是神。我们也见过没有竜林的村寨，

但他们至少会留有一棵竜树。他们会跟我们解释，从前他们寨子是有竜林的，在那些不可以信神的年月，林子被砍了。

当一个寨子只剩下一棵象征神灵的树的时候，必然会成为族人们内心的隐痛。

佤族、拉祜族、布朗族等少数民族则在万物有灵的原始宗教信仰中寻求保护环境的禁忌。对于他们来说，山有山神，水有水神，草木有草木的神灵，所以他们不敢任意砍伐树木，随意污染水源，即使需要砍树、取水，都要到山林、水源处进行祭祀，求得“神灵”的允许才能利用。

有山，有树，有水，才有五谷丰登，六畜兴旺，子孙绵延。普洱的山地民族是明白这个道理的：人必须顺应自然，依靠自然，才能求得生存发展。

一位少数民族老人曾谈起他对生态环境的看法，他说“现在什么都好，就是不信山神不好”。其实他的潜台词是说：大自然

与没有信仰、禁忌和秩序的人们是不可能和睦相处的。

文化取向对人与自然的关系影响是很大的。想起曾经十分流行的革命口号：“砸烂旧世界，建立新世界。”但无数事实说明，砸烂和破坏是比较容易的，而要建设新世界和恢复优良传统，就不那么容易了。

好在今天，在无数惨痛的教训面前，在大自然的无情报复之下，人们终于有所省悟。

今天你能在青山绿水间行走，完成这趟纯净、本真之旅，一定不要忘记了解当地少数民族那些看似稀奇古怪的原始禁忌，自觉地遵守他们的习俗。

和哈尼族一起与大地同欢

哈尼族无疑是普洱这块土地上的“资深”耕作者，他们所创造的“哈尼梯田”已超过千年的历史。

这个先民源自于西北高原游牧部落诸羌的民族共分12个支系，普洱市内的哈尼族分别有其中的10个支系：白宏、毫尼、卡多、碧约、腊米、卡别、切弟、西摩洛、阿木、爱伲。前9支主要居住在墨江、宁洱、江城、镇沅等县，爱伲人则是居住在澜沧、孟连。

虽然都是哈尼族，但你走进不同的村寨，看着大相径庭的服饰和风俗，你一样会晕菜：长裙中裙超短裙，黑布蓝布白花布，圆包头方包头尖头平头，加上金属的兽骨的竹的木的甚至昆虫的饰物……眼花缭乱之下你只好举着不管什么像素的相机照单全收，哪怕是山寨版手机也行，这时你是多么感谢数码时代啊，照多少也不花钱。

传说哈尼族先祖曾经拥有过一个美丽富饶的家园“诺玛阿美”，那里土地肥沃，水草丰美，是人类理想的生存之地。哈尼族先祖在那里放牧耕种，发展壮大。后来，因为战事兴起，哈尼族先祖不得已南徙，离开了心爱的家园。

千年之后，今天的哈尼族已经不知道先祖的“诺玛阿美”在什么地方，只传承了他们在每个哈尼人葬礼上都要念诵的经文：把死者的亡灵沿着迁徙的征途送回“诺玛阿美”。

普洱一定又是哈尼族的另一个“诺玛阿美”了，因为这里同样养育了一代又一代的哈尼人。

一个好吃好在的地方，就一定要是一个种得出粮食的地方。“哈尼”意为“住在半山腰的人”。靠山吃山，哈尼族居住的地方，

尽管山高谷深，但“山有多高，水有多高”，只要能引来水的地方，哈尼人就能把那里的山地开成水田，能做大田就做大田，若只能做成桌子大小，他们同样要让它种上水稻。即便没有水，他们也会想办法种上适宜旱地的苦荞高粱。

没有什么比粮食更能支撑哈尼山寨的生活了。所以哈尼族所有的年节习俗，都围绕着耕种展开。他们的三大节日，就是一年农事的三个段落。

一年之始过“昂玛突”节，祭寨神，求保一年的粮丰人顺；然后开始犁田栽秧，栽秧前要做撒头秧仪式，栽完的时候要“打泥巴仗”祝福将来谷物饱满。到了6月，秧栽完了，进入稻谷的生长期，他们就过“苦扎扎”节，求佑谷物得到收成；收获结束的“蜜蘼扎”节，俗称十月年，在农历十月间过，其隆重如汉族的过年。此时人神共欢，哈尼人拿出三五天时间来庆祝和享受一年的收成。

哈尼山寨十月年的第一件事即是在鸡早鸣头遍起来到水源干

净的山箐去背新水，天虽然黑咕隆咚，也挡不住那些争先起早的人，在寨子通往山箐的路上，火把像一条蜿蜒的火蛇。这事都是家庭主妇干。此时男人依然可以酣睡，实在是没有什么男女平等啊。更令人郁闷的是，在过节这样的日子，虽然女人一天到晚忙着祈神、做家务，招呼客人，侍候一家老小。从凌晨背新水开始就一刻不歇地干着活，临了依然不得坐到主桌去吃饭！

十月年头一天的第二件事便是杀年猪祭祀祈福吃年饭。这是一家一户自己的事情，和汉人没多少不同的。

第三件事是立秋千。立秋千可是件大事，据说天神“伟执实批”每年要回天上议事，根据人们对诸神的虔诚情况降给人们祸福。“伟执实批”上天时要借助秋千上去，下凡时也要通过秋千才能到人间，所以每逢过年，哈尼人要架起秋千迎送他，让神仙给人们多降些福。立秋千是年轻人的事，他们非常乐意承担这份工作，因为荡秋千总是他们迫不及待而且乐此不疲的事情。

虽说新年从这一天算起，但哈尼人过年最热闹的是第二天，因为第二天是一年中最盛大的一次“叠总总”，即周围寨子的朋友、亲戚和在城里工作的儿孙们都将回来参加的长街宴。

长街宴是全村人的大聚餐，家家户户都要把自己的拿手饭菜拿到街道上去摆成长长的宴席。

我们在那哈乡一个叫格牙的村子参加过这样的长街宴。说是长街，其实就是寨子户间道路。宴席的篾桌一张接一张弯弯曲曲从寨子头摆到寨子脚，正中的位置留给寨中的长者。

首席长老还未宣布开饭，各家的老人们就聚集在中央的场地上敲锣打鼓跳起了“阿拉搓”——一种庆丰年的舞蹈。老者们挥舞着手臂，拖着“梭——”“察——”的长音，唱着年年时时念叨的祈愿：寨子安康、子孙发达、五谷丰登、六畜兴旺。

各家的菜上齐之后，盛装的女人们加入到舞蹈中，一时锣鼓喧天，人们的脚步声、歌声、三弦声使整个山寨微微颤动。

跳的跳，吃的吃，跳累了吃，吃过了再跳。其中有附近村寨

长街宴

墨江双胞井

的朋友，外地的客人们被热情地邀请入座。喝酒吃饭，唱敬酒歌。吃中有唱、唱中有跳，酒醉的和自醉的都在仅有的空地上狂欢，酒气和喜气在寨子四周弥漫……

不觉已到黄昏，一顿饭居然吃了 4 个小时。虽然脚下的地坑洼不平，有的桌椅就摆在了泥沼之上，但人们脸上洋溢着的欢快无以言表。

相信在这样的场合，面对如此阵势，吃什么对你已经不重要，重要的是你要怎样融入到这些快乐人们当中去，来一回忘我的开心。

如此原汁原味的十月年当然是不容易碰到，但你可以在每年的 5 月份左右参加墨江县一年一度的国际双胞胎节，届时在县城宽敞的大街上，你同样可以加入规模壮观的长街宴。

尽管美中不足，在这个旅游节庆上，你还可以感受一下由哈尼人“打泥巴仗”演变过来的“水上趣味活动”。

在栽秧的犁耙前“打泥巴仗”，本来是一个为了谷物丰收的“仪式”，是很多哈尼人传统习俗之一。这一习俗在切弟人中保留得较为普遍。那是2005年的5月初，我们在墨江一个叫备气的切弟人寨子目睹了这种货真价实的泥巴大战：

在淅淅沥沥的雨中，快栽完最后一块田的时候，栽秧的女人们把最后要栽的秧苗提到田埂边，悄悄走到正在耙田的一个汉子身边，手捧一点泥水淋到他的脖子上，好戏就这样开场了：妇女们用田里的泥巴袭击耙田的男人，男人们一手扶犁把，一手向女人们拨田里的泥水加以还击，且战且退，妇女们笑着叫着闪躲着。男人准头大，往往一把泥水就命中目标，那吃了亏的妇女，就追赶上去，对着男人的后背双手捧水使劲泼。连水带泥，几个回合下来，男人们就全都湿透。战火升级了，他们把牛停下，寻找对手开始反攻，遭受重创的女人，嫌泥水不够力度，就捞起稀泥来灌。战火蔓延中，殃及起初田埂边观战的人们，他们纷纷跳进水田参战，一时间田里变成了全体人员的大混战，那热腾劲把阴雨天气驱赶得无影无踪。泥水飞溅间，一群成年男女欢畅得像孩子，笑声和叫声响彻了山谷。直到几乎每一个人都变成了泥巴人，战事才逐渐停息。泥人们把田耙好，把最后的一角田栽完，收工回家。

如此酣畅淋漓的泥巴仗，你是否会跳进去玩一把呢？

火把节去彝族山寨跳歌

“弦子一响，脚板就痒”，这话你听说过吧？虽然普洱很多的山地民族都喜欢唱调子跳群舞。但彝族在跳歌场上的狂热，一句“跳起黄灰做得药，只见黄灰不见脚”就让你不得不服。

山川沟壑，阻挡不了彝族青年男女互相串寨跳歌。只要附近村寨哪家“办事”——婚庆，那就是一个不小的节日，一样要搭上青棚烧上篝火跳上三天三夜。

“山间铃响马帮来”你再熟悉不过了，但现在行走在无量山上，你听到雄浑欢快的唢呐鼓吹，就一定是彝族的迎亲队伍来了。

彝族人说“黄鹊三十三音，唢呐七十七调”。唢呐是一种双簧类吹奏乐器，普洱境内的彝族称之为“叭啦”，俗称号，吹者叫“号匠”，还叫“鼓打吹”。由“鼓打吹”组成的乐队，叫“号班”。

“号班”演奏唢呐的乐曲极为丰富，根据民间使用的规律和用途，有《贺亲调》《拜堂调》《上菜调》《过山调》《送葬调》《抬棺调》《过街调》等，这些乐曲调在民俗活动中，都已约定俗成，让人一听就明白内容。

彝族民间喜庆、婚丧嫁娶等民俗中是否请得起“鼓打吹”，对主人来说是一种荣耀。所以由那些技艺高超的“鼓打吹”们组成的“号班”就很吃香。

分布在无量山脉及其附近的彝族，在普洱是除了哈尼族之后人数第二多的少数民族，虽然汉化得较深较普遍，但民族传统还是民族传统，比如火把节，那是彝族人的盛大节日，是一定要过的。

如果你到景东彝族自治县去过火把节，一定不要错过了迎客仪式：上百支迎客的长号声雄浑激昂，让人想起那悠远的时光……

虽然生活在普洱的彝族、哈尼族、拉祜族等少数民族都过火把节，但彝族的火把节更加声势隆重。县上由政府组织的火把节，人多热闹，但总让人意犹未尽。如果有充分的准备，不如到乡下去，到山寨去。

火把节在农历六月二十四，正是大地最美丽的季节：稻谷已经趋向黄熟，坡地上的玉米已经挺起高高的腰杆，吐出殷红的胡须。绵延起伏的田野绿中透黄、碧中点红；有白鹭翩然飞起，鹅鸭游戏在水面上；阳光懒懒的，白云悠悠的。丰富的色彩和恬静的空间，加上亚热带雨季的沐淋，云雾缥缈的山野中每一样景物都格外秀美。

我们就在这样极养眼也极怡神的季节进入无量山中一个叫碧鸡的彝族山寨，这是景谷县境内的一个自然村。据村里人说，这个地方前有一只“虎”，后有一条“龙”守着，是块风水宝地。

前“虎”，即寨子前面的块状若虎的大石头。碧鸡寨的先辈

彝族过山号

景东无量山狂欢节

们来到这里建寨安居时，在石虎上面盖了庙房，节庆之时以香火供品祭之。现在我们看到的已经不是原来的庙房，“文革”期间庙房被烧毁，直到1988年村人又给大石虎盖了这间简陋的房子。虽然好多先人留下的石雕被捣毁砸烂，村民们仍然在此虔诚祭祀。我们看到，庙房里那块刻写着祖先迁来此地经过的石碑只剩下半截，已经看不到完整的字句。据说原来石碑上清晰地刻写着这支撒梅人是清光绪十八年（1892年）由昆明碧鸡迁入景谷定居的，并保留了原居住地的地名。

后“龙”，即寨子后山的一个常年有地下水渗出的水塘，人们称它为龙潭。碧鸡寨对龙潭的祭祀也是从未间断过。他们不取龙潭的水喝，也不用此水来浇灌。据说有一年干旱，年轻人想放龙潭的水去浇田地，但老人们坚决不同意。

一进村，我们就发

现，即使在碧鸡寨新修的篮球场边上，他们也不忘记造上一对栩栩如生的石虎。而那些无处不在的物迹，更显示着村民们无处不在的信仰：清明节时挂在门上的祭祀祖灵的小竹筒；端午时在门楣上挂着的艾草；堂屋正面悬挂的“天地君亲师”位以及案桌上的一排包括财神、马头神、独脚五郎神等的神位；竜林里的土主庙、养马庙、龙庙、官庙，求子庙、山神庙等等，无不向我们透露出这个民族生命宽广的包容度和顽强的生命力。

7月对于彝家人来说，更是一个重要的季节。这个崇火的民族此时有一个属于自己的节日——火把节。从生下来在火塘边的命名仪式到死后的火葬仪式，彝族的一生与火结下了不解之缘。

过火把节时，早先多数彝族村寨都要在村中竖立一棵大火把，这是火神的象征。火把上放上祭品，届时要举行点火仪式，要由祭师或长者念诵祷词，火点着以后，人们要围着大火把狂欢起舞，以歌舞娱火神。火把节时还要祭祀祖先，还要到田头地角祭祀五谷神，祈祷丰年等等。火把节的宗教活动长期保存下来，就成为了火把节的习俗。

火把节这天早上没有更多活动，年轻媳妇一早背上背篓上山进林子捡菌子去了，她们要赶早收工回来行火把节的各种祭祀。茫茫的森林里藏着大自然许多不可泄露的天机，为生活在这里的人们提供着源源不断的生命物质：水、野味、木材、药材、野果、野菜。

中午，当村口不断响起牛铃声，一拨一拨的水牛、黄

牛和山羊从村口赶上山去之后，我们看到村里的壮年男女纷纷提着鸡，拿着扎好的火把朝山下的田地去。杀鸡献过之后，他们在自家的田边地角立起了火把。在哪里杀鸡就在哪里立火把，献祭的地方要用篾片抬一个小展，抓一把泥土插上香，念诵保庄稼的经文。据说从前寨子里每块田地都要祭，能到每块田杀鸡的人家是富裕的证明。那时火把也是每块田都要立的，是夜，田地里一片火光，比现在的规模大多了。以前碧鸡寨祭田，午饭就在田边煮吃，甚是热闹，像一次全寨大野炊。

7 月的太阳热辣辣的，火把也热辣辣的，我们和祭田地立火把的人们都被烤得汗流浃背。

直到太阳偏西了，田间的活动才结束。接着是竜林和家里的活动，都是一些寄托着美好愿望的仪式。傍晚，最热烈的撒火把活动开始了：家家户户在自家院子用竹竿立起一个大火把，小伙子和姑娘们点起松明子火把，提上香面，开始撒火把，从院子撒到家里，从家里撒到园圃地果树、瓜豆和玉米等作物上，撒完家里再到田地里去撒。村子一下子被火把照亮，寨子和田野连成一片火海，年轻人的喊叫声此起彼伏。不明白的人，远远地看到此种阵势，也许真的以为这里正在操兵呢。

在田地里，夏夜的风把大地吹凉，繁星点缀着夜空，小伙子、姑娘们抓一把香面，往火把上一撒，火把炸出一团团火花，映红了一张张年轻的脸。在这样一个属于自己的夜晚，他们没有理由不浪漫。返回寨子的途中，他们还把香面互相撒在对方的火把上，互相祝福和逗乐。

年轻人的火把回来了，火把被集中堆放在球场中央，寨子里每家还抬来一块柴，凑成一堆燃起篝火。火把节的跳歌活动开始。

如果你到这样的彝族山寨，吃过了彝家的大块肉盖饭，喝过了彝家久酿尤烈的咣啷酒，酒足饭饱的你不随着大家一起去“跳歌”，那就太扫兴了。

碧鸡寨的彝族不论男女老少，个个会“对调”，人人会“跳歌”。跳歌是彝族的集体歌舞，参加的人们围成圆圈，边唱边踏歌起舞。对于生活在大山里的彝人来说，跳歌是他们日常生活的一部分。

芦笙和三弦响起来领舞，跳歌的人里三圈外三圈，连背着孩子的妇女也跳了起来。到了最后，整个村子就像喝醉了酒似的，东倒西歪地舞蹈起来，舞步的变更让人眼花缭乱，什么三脚舞、三跺脚、别脚舞、穿花舞，看着简单，上去准叫你左脚踩右脚。

当我们离碧鸡寨越来越远，从碧鸡寨传来的曲子也渐渐远去，但那里的人，那里的歌，却在脑海里逐渐清晰：说起来呀唱起来，一家一个来和声；我的和声不押韵，你的和声音押音。小小房子五架梁，金包柱子银包梁；金包柱子我不爱，才爱朋友好心肠……

跟着傣家人采花献佛拜佛迹

到了傣族居住的地区，你常常会听到傣族有“旱傣”“水傣”之分吧?

其实这不是傣族自己分的，是汉人这样区分他们的居住环境或受汉文化影响的多少：“水傣”，多指依水而居的傣族；“汉傣”或“旱傣”，前者，是从其所在的地理位置相对往内地靠，并与汉文化有更多近似之处而论，后者之“旱”，是相对“水傣”之水而言，多指居于半山坡与溪谷地带的傣族。

普洱傣族主要居住在景谷和孟连两个县。景谷傣族和德宏、孟连傣族同源，属傣那支系。今天景谷的傣族自认为是“汉傣”，是受汉文化影响较早的傣族。而在孟连的傣族，自称水傣和汉傣的都有，这是一个傣族各支相交汇的地方。

无论在景谷还是在孟连，凡进入傣乡，映入眼帘的，都是一样的悠悠的河水，由绿到黄更迭着的田野，密密的寨子，静卧在浓阴匝地的傣家，耸峙寨中的佛寺，随风入耳的梵音，飘荡的玄黄色的袈裟，田地间播种或收获的人们……

傣家人信仰南传上座部佛教，主张自我解脱，自我拯救，佛祖的灵光无处不在地庇佑着傣乡子孙。行善弃恶的佛教教义使傣家人善待自然，爱护生灵，路不拾遗，夜不闭户，在遍地葱绿，流水淙淙的威远江及南垒河畔祖祖辈辈繁衍生息。

佛寺是傣族村寨最引人注目的建筑，也是傣家人精神和文化生活的核心。每个傣族村寨几乎都有一座佛寺，作为僧侣生活和从事佛教活动的专门场所，也是大家拜佛听经的重要场所。

在新中国成立前，景谷南传上座部佛教佛寺分为总佛寺、中

心佛寺和村寺三个等级，与封建领主的行政系统相适应。至今景谷傣族村寨还有佛寺 85 座之多。勐卧大寨总佛寺是勐卧第 17 代土司刀汉臣主持筹建的官佛寺，这就是有着闻名遐迩的双佛塔“树包塔”和“塔包树”的佛寺。永平的迁糯佛寺是一座中心佛寺，从佛寺建筑和壁画中可以看到汉文化和东南亚文化交融的影子。在一个叫芒岛佛寺的村寨佛寺里，我们居然看到大量的经书，这座建于清光绪二十五年（1899 年）的南传上座部佛教佛寺，尚存有 100 多年前的贝叶经书呢。

在傣族居住的地方，随处可见矗立在田野路边随风飘扬的经幡；家家户户的床头，都有赕佛用的提篮，滴水用的葫芦；佛寺里堆积着被佛爷们不断抄写和晾晒的经书……这一切无不表明，

对于傣族村寨的成员来说，是不是所有人都信仰佛教并不重要，重要的是，如果想要融入寨子生活，就必须按习俗受戒、守戒，到佛寺去诵经、听经、献供、拜佛。

自从有了佛的世界，人的世界就变得更有期待了，人们所恐惧的死亡，也不过是今生的中断，而不是生命的结束。人生的三部曲生、婚、死，在对傣家人来说，都是前生既定，要做的只是好好珍惜。而今生不可企及的一切，都交给来生来完成。所以傣家人把赕佛视为“赎罪”和替来世“储蓄”，同时也是为子孙“储蓄”，是敬佛的最大功德。

傣族村寨一年四季都有大量的赕佛活动。

赕，即敬献、布施之意。傣家人认为，今生所赕的东西并不是白白送给佛，而是由佛暂时保存，等到来世这些东西还是属于自己，今生赕得越多，来世福分越大。在赕的仪式中，人们向佛贡献物品，并通过诵经、受戒，向佛表示忠诚和顺从，同时在佛事活动中向众人布施，请求佛原谅自己今生的过错，对佛提出请求，希望佛给予福佑，求得今生顺利，来世幸福。

在傣族过新年期间（4月13日～15日），最重要的庆祝活动被称为“浴佛”，人们用清水给佛像沐浴。在此期间，人们用清水彼此泼洒，以表达相互间的祝福。因此，傣历的新年也被其他民族形象地称为“泼水节”。

泼水节在历法的意义上来说，就是傣族送旧岁迎新年的日子。泼水节要延续3或4天，第一天叫“腕多桑刊”算作除夕，最末一天叫“腕叭腕玛”意为“日子之王到来之日”，算作新年元旦；中间一天或两天叫“腕脑”意为“空日”，这一两天算是两个年交替中的过渡日子。

景谷的泼水节与其他傣族地方的泼水节有很大的区别，他们在泼水节中加上了“采花”两个字，叫“泼水采花节”。虽然其他傣族地方过泼水节也有采花献佛的仪式，但他们更注重泼水，而景谷傣族则在注重泼水的同时，也注重采花。这里不仅有泼水的狂欢，更有采花赕佛的虔诚，这就是景谷泼水采花节的独特魅力。因此有人把景谷的傣族泼水节叫作“没有水花的泼水节”。

采花，是准备鲜花这种供品的过程，每年的采花献佛活动，是景谷傣族最浪漫的时刻。每年的这个时候，正是山花烂漫、春意渐盛之时，人们通常在泼水节前几十天就开始了采花活动，对大多数人来说，这是一个春游踏青的好时候，对年轻人来说，是交友恋爱的好时机。花自古是人们的审美对象，是一种美好事物的化身。花是美丽的事物，把花献给佛祖，就是对花一样美好事物的求祈。据说佛祖到景谷云游时，景谷的大象就献花给佛祖。其实，从古希腊开始，花朵就一直被认为是赠送英雄、祭奠众神的礼物，在佛教传入中国后，也就有了“借花献佛”之说。

泼水节之后，生活在景谷的傣家人将开始长达一个月之久的“朝仙”之路。“朝仙”，正确的说法是赕佛迹，即朝拜佛迹。

景谷有 26 处“佛迹”，当地傣族称佛迹为“帕达”。一个县域内有如此之多“帕达”，实属全国罕见。这些印迹被傣族先民认为是佛祖巡游各地时住过的山洞或留下的遗迹。如今，在景谷傣族中还流传着大量关于佛祖到景谷游历并留下众多足印和手印的传说。景谷的 26 处佛迹自古就有依次朝拜的规矩，从泼水节后的第一天开始，人们就依次到各地去赕佛迹。

赕佛迹活动和泼水节活动是相联的，其内容主要也是采花赕佛及佛迹，然后想到泼水祝福。由于赕佛迹不仅仅是一个村寨的活动，有来自全县各乡镇村寨和临沧、西双版纳甚至东南亚各国的傣族，所以每个佛迹所在的村寨群众都要在轮到朝拜这个佛迹这天做好饭食到人们经过的路上和佛寺、佛迹所在地布施。

如果你有幸踏上朝仙之路，即使你不带干粮和雨伞也没有关系，一路上会有傣家人用芭蕉叶包好的糯米饭团，你打开来吃就行了；还有一张一张的大芭蕉叶，太阳晒时你可以举着挡阳光，遇到下雨则可以遮雨。到了佛迹朝拜地，还有人专门在此布施的傣族风味凉粉，保你饿不着且吃得有滋味。

我们就参加过“朝小仙人脚”。小仙人脚佛寺在景谷县永平镇，已有 300 多年历史。传说 300 多年前一个砍柴人发现了一块石头上的脚印后，报告给辖区的洪武土司官，取得同意后邀约百

姓在此建寺，并取名小仙人脚佛寺，以区别于雷光佛迹寺的大仙人脚佛迹。在景谷，人们往往把佛也称作仙人，所以他们管这些传说中佛祖留下的印迹叫做仙人脚印、仙人手印或仙人洞。

中午以后，各处来朝的人们手拿仙花，背着花包进入佛寺，拿出供品献过佛祖和佛迹之后，就自由地在院里唱歌跳舞起来，渐渐地佛寺的各个角落都挤满了人。人山人海中我们常常找不到同伴。当鼓乐声大起，僧人们就端着水到院子里去给大家泼水祝福。泼水依然只用树叶沾了轻轻洒在人们的身上，看不到疯狂的水花，听不到杂乱的惊叫。

大家跳累了，就到院子边上吃一碗凉粉，或者喝一碗水，歇歇又进入轻歌曼舞中。太阳西斜后，人们才慢慢散去。第二天他们又将踏上去下一个朝拜目标——雷光佛迹寺大仙人脚的路途……

除了佛寺，每个傣族村寨还有他们信仰原始宗教的物迹：寨心。这是寨神的居所，是寨子的保护神，傣族民间的宗教节日很多都与之有关。

另外，傣族村寨还有一个特点，那就是每个寨子都有一棵或

几棵大榕树。大榕树下也可以看到傣家人敬奉神灵的各种物迹，有缠绕的白线，有靠直的甘蔗等等。

榕树巨大的树冠下，人们唱歌、跳舞、谈情说爱。榕树下的广场其实是人神共居的地方，榕树之下的神是亲切的，融入人们日常生活的。榕树之下既是节日里唱歌跳舞的地方，也是上演重大历史的地方。在节日或庆典时，这里是狂欢和喧闹的，当象脚鼓和铓锣响起，就有身着大襟短衫的男人，衣着艳丽的少女，和穿着黑布筒裙、包着白布包头的老妇来到树下的“广场”。这一切都令人想到 18 世纪法国的乡村舞会。

在这个傣家人的天地里，你用不着使用庸俗的赞美，因为这群逐水而居的人，在宗教与世俗之间，没有纯粹的浪漫，只有不雕琢的平凡。

看那山花般绚烂的拉祜族村寨节庆

拉祜族的先人也是氐羌部落族群中的一部分，不断向南迁徙。明清以后，拉祜族这一古老的民族在云南西南部的横断山和哀牢山中停止了迁徙的脚步，延续千年之久的民族大迁徙在这一区域停顿下来，普洱市的澜沧拉祜族自治县是这一族群最集中的区域，周边的孟连、西盟和镇沅也有一部分。

如果你在路上看见背着弩、别着砍刀，还背着一个用五颜六色的线编织的还缀满鲜艳夺目的毛线球包包的男人，那一定是拉祜族汉子了。他或许是赶着牛出工，或许是抬着一根柴收工，柴头上可能还挂着一只鸟或是一只长尾巴的山鼠……

除了这样常见的拉祜男人形象，我们还曾看到一个拉祜汉子胸前戴着一只麂子角，另一个把一支漂亮的鸟羽挂在钥匙扣上。

猎物是一个猎手的荣耀，标志着一个男人的勇气和智慧。像地球上的所有狩猎民族一样，拉祜男人把猎物的一部分用来做装饰品。

拉祜族的农业时代并不是短时间完成过渡的，看看拉祜男人身上佩带的两种标志性工具就知道：一个是弩，一个是砍刀。

弩不用说，那是狩猎工具。而砍刀，进山狩猎可用来开路，但它主要是用于农耕。

“猎神”，是拉祜族原始宗教中诸神崇拜不可或缺的一项内容。直到现在，祭祀猎神仍是拉祜族的一项重要信仰活动。拉祜族都是在每年农历正月初四早上举行全寨性的开猎祭“猎神”仪式。

祭猎神是一个神秘而冗长的仪式，得由村里的“魔巴”——

祭司来主持。除了全寨人的大祭之外，平常的一家一户出猎也要祭祀猎神，在家中一棵放置猎物头角和贴有猎物羽毛的柱子前点一对香火，默念祈祷词后出猎，男人扛枪抬弩走在前，在主要垭口或野兽出没的通道上防守，妇女领着猎狗在后追赶猎物，口中还念着传统的狩猎词。

猎手猎获猎物时，要把猎物的血和几根羽毛粘在枪杆上，或

将猎物的角和少量羽毛粘在家中的柱子上，表示猎获野兽的成绩和对猎神的崇敬。

这种仪式不知流传了多久，年轻人不知道，老魔巴也不知道。他们尽心地朝拜，从不多去质疑信仰的缘由。这样的信仰，只能一点一滴逐渐地渗透，追逐它的脚步，融入它的血脉里，而无需把握住它。

不管怎么说，拉祜族男人的狩猎情结不是那么容易就会被时间冲淡的，何况那一年一度的“男人年”，年复一年地提醒着他们：把猎物扛回家，让一家人过个好年是一个男人的责任。

拉祜族过年的时间和汉族是一致的，但比汉族多了一项内容，那就是过年分“女人年”和“男人年”。而这个男人年，是专门为外出狩猎的男人过的。春节，拉祜语称“扩塔”或“扩呢哈尼”。传说，在很久以前，快要过年的时候，拉祜男人看到家里没有什么吃的，就外出狩猎。但那次狩猎时间很长，不知不觉过了十天半月，还是没有打到猎物。家里的女人和孩子看到别的部落都过年了，也就跟着他们过了一个清苦的年。当男人们初八打猎归来，年已经过完。为了犒劳男人们满载而归，妇女们又为打猎归来的男人们重新过了一次年，这次叫小年，也叫男人年。大年是从正月初一至初四共四天，小年是初九到十一共三天。十二是满年，这天全寨人休息。

对于男人年的来历，这是我们听到的比较普遍的说法。但还有另一种说法，传说从前拉祜族人遭外族欺负，男人们都出去打仗了，到过年都不回来，家里的女人便和孩子们一起过了一个很苦的年。等男人们胜利凯旋，年已经过完，为了庆祝拉祜人的胜利和万家团圆，他们又重新过了一次年。

现在，拉祜族的过年也是最为隆重的传统节日。每年秋后，拉祜人家的妇女就开始为全家人准备新衣，男人们则成群结队上山打猎，年轻的少男少女则忙着做葫芦笙、口弦、荷包，老人和小孩做陀螺、搓麻线。离过年还有三五天时，家家户户扫地除尘，搞好村寨卫生，年三十舂粑粑、杀猪，然后就可以邀请附近傣族、佤族和其他民族同胞一起热闹了。过年最为吸引人的节目就是跳芦笙舞，大家围着寨子中心的青松、芭蕉和甘蔗可以通宵欢乐。青松、芭蕉和甘蔗是过年寨子里必备的东西，据说青松象征拉祜人的性格高风亮节、不屈不挠，芭蕉、甘蔗象征生活像芭蕉一样果实累累，像甘蔗一样甜甜蜜蜜。

过年这样大的节庆，拉祜族一定是不会忘记祭祀他们的天神厄沙，厄沙在拉祜族心中是无所不有、无时不在的造物主和守护神，是虔诚崇拜的对象。生活中无论什么事都要祈祷厄沙，特别

是遇到危难的事、天灾人祸等，更是口呼“厄沙！”，祈求厄沙赐福，逢凶化吉，转危为安。

但你在拉祜族村寨是找不到专门的天神厄沙的庙宇的，因为自佛教传入拉祜族地区后，拉祜族就把他们的原始宗教与佛教有机结合了，在他们的心目中，佛就是他们至高无上的神灵厄沙。所以信仰佛教的拉祜族村寨中没有佛寺，只有佛房。佛房是从佛教未传入之前拉祜族村寨神舍而来，从前这里供奉的是他们的天神厄沙以及村寨神等神灵。而现今的佛房中也不供奉佛像，大多只有神龛和经幡，那无形中被供奉在神龛之上的最高神灵，就是厄沙。很多拉祜人会告诉你，那是“厄沙佛”。

如果你到了和傣族居住得较近的拉祜族村寨，你是找不到叫“魔巴”这种祭司的，只有“安章”。魔巴是拉祜族原始宗教神职人员的称呼，而安章，则是傣族对管理佛寺及礼佛活动的人员的称呼。在这种多民族杂居的边地，对此你要司空见惯。

去拉祜族的佛房你得注意，要让当地人带着你参观，佛房有一处“达门”，这是有灵魂的人通往神灵的“门”，不干净的人和心怀叵测的人还不能进这道门呢。从前的拉祜村寨，没有寨中头人的引领，任何人都不能擅自通过这道门，虽然它就是简单的一边一根柱枋，上面横架着两块叠在一起的板块状木枋。进了“达门”就是拉祜人的始祖扎迪和娜迪的神灵牌位。传说厄沙造天地和动植物后，没有造人，只种了一棵葫芦，所结的一个大葫芦里出来了拉祜族的始祖扎迪和娜迪。所以过年过节时每家舂的第一个粑粑和第一碗新米饭，要先祭了始祖后，才能拿回去，全家才能动口吃。

当然，在一些拉祜族寨子里，你看不到佛房，那里只有教堂。18 世纪后，基督教传入了拉祜族地区，有一部分拉祜族信仰基督教。在这样的拉祜族村寨，他们会恭敬地给你行握手礼。

拉祜族村寨一年四季都有节庆活动，除了春节、火把节、新米节和与佛教、基督教有关的宗教节日外，各个村寨还有属于自己的村寨节庆。如我们遇到过的一个村子在每年的 3 月 3 日过“百花节”。还有一个村子则过“樱桃节”，传说，这个村拉祜族先人由一个男头人和两个女头人带领迁来的路上，连续几天从天亮一直走到天黑，就是没有找到合适让他们停下来生活的地方。一天夜里，颠沛劳顿的男女老少们在山路上都睡着了。是夜，山上的樱桃花开了，风把花瓣吹落在人们的脸上，叫醒了赶路的人们，大家醒来一看，这里山清水秀，鸟语花香，是一个安家的好地方，大家就在这里安了家。领头的三个人商定，把樱桃花开时定为这群人自己的节日，具体过节的时间由祭师看樱桃花开的情形而定，大约在每年的 11 月份左右。

拉祜村寨的节庆有如春天的山花般绚烂，这样的节庆把村寨平凡的日常生活推向了高潮，在一次次的祭祀礼节中，人们再次确认自己的历史、信仰以及关于未来的期许。

节庆活动中，人们尽情欢娱，娱神、娱鬼、娱人、娱己；人们充分展示自己民族的特性和精神品质；人们淋漓尽致地表现自己民族的民风、民俗。所有这些，才是村寨的人文魅力。

在阿佤人"拉木鼓"中"穿越"

从澜沧江以西，沿着崎岖绕山的的公路，便到了阿佤山腹地的西盟佤族自治县。

春天的阿佤山，首先给人留下一个云海茫茫，雾气浓浓，不知天上地下的惊叹。

云海深处，一个个佤族山寨与自然浑然一体，一处处山水都是俯拾即得的"神迹"。

人类历史越往前发展，越强调人间人权，世界各地的宫殿、大院、高墙，无不强调着人与自然的绝对分离。而在佤山，你很难见桎梏心灵的种种人迹，只有一望无际的山野，碧水悠悠的空间，就连那充满人间烟火的村村寨寨，也能涤荡现代人深陷于红尘的身心。

佤山风景美，人更美。在佤山，那些皮肤黝黑，浓眉大眼，头发乌黑的佤族男女肯定会锁定你的目光。佤族男人剽悍、女人俊美，肤色特点非常鲜明，又善歌舞，来过佤山的人都说他们是“原始美”的代表，又是欢乐人生的注释者。

佤族长相鲜明，生活也非常简洁古朴：喜欢红色和黑色这两种古老的颜色，用红和黑搭配做成色调对比鲜明的服饰；喜欢喝自制的小红米水酒；喜欢嚼槟榔，以满嘴的黑牙为美丽。西盟佤族的劳作方式也很简单，在山寨的佤族人家，还可以看到他们简单的劳动工具锄、铲、弩和古朴的用具竹仓、木拉、骨器。据 20 世纪 50 年代进入佤山的解放军记录，当时的佤族男女，多是上下全裸，即使有人在胯下勒一根窄窄的布条，以示知羞，也只是象征性的。记录中这些全裸露或系草裙的男女，一身乌亮，如青铜铸成式的壮美，说明这是一个原始民族。

佤族是先秦时期“百濮”人的后裔，历史的迟滞与社会发展的延缓，让生活在阿佤山的这一民族保留了原始社会的诸多特征，形成了独特的民族心理结构，产生了相应的特异的民族文化。因

此，西盟佤族被作为“人类原始社会的活化石”受到世人的关注和重视。

来到佤山，无论是人，还是物，都能让你完成一次时下最流行的“穿越”。

像在上海听“阿拉上海人”一样，在西盟你会常常听到我们“阿佤”的自称。而且他们会告诉你：“刀把出自竹篷，阿佤来自司岗。”

在阿佤人的心目中，最神圣的莫过于“司岗里”。“司岗”，是石洞、洞穴、根的意思。“里”，是出来、生出的意思。“司岗里”，意为“从洞里出来”“从根里出来”。西盟佤族认为他们是从石洞里出来的。

“司岗里”是佤族对原始穴居生活的记忆，同时也是对生命母体的朦胧认识。

那么，就让这些“从石洞里出来的人”，带着你去“拉木鼓”，帮助你打开人类远年的记忆——

1995年，在第五届全国少数民族传统体育运动会开幕式上，作为主打节目的佤族木鼓舞和甩发舞，第一次在世界面前亮相就征服了观众。当巨大的木鼓车出场，木鼓上亭亭玉立的佤族少女甩动着乌黑的长发，跳起刚柔相济同时展示着原始美与自然美相结合的甩发舞时，观众报以热烈的掌声，久久不息……也许从这时候开始，佤族受到了更多人的关注。

今天的舞台上，佤族的木鼓舞享誉世界，人们会为站在巨大的木鼓上跳甩发舞的佤族姑娘鼓掌欢呼，为那些击打着浑厚鼓点的佤族汉子动容呐喊。但没有多少人知道，独特的佤族木鼓，原本并不是乐器，而是一种祭器。而且，从前木鼓是不能随意触动的，更不能站在上面跳舞，因为它是通天神器。

传说，天神木依吉创造了人之后，住到远远的太阳那儿去了，人有事想喊她帮助，她听不见。有一天佤族部落女首领安木拐敲响了木鼓，木依吉就听到了，她来问阿佤人："你们有什么害怕的吗？"阿佤人说："夜里睡觉我们害怕野兽，白天劳动我们害怕蟒蛇。"木依吉就说："以后你们害怕的时候就敲起木鼓吧，我会帮助你们的。"后来，阿佤人就把木鼓当作他们的保护神了。

木鼓是佤族特有的一个鼓种。从前，佤山的木鼓一直是用来祭祀，祈愿木依吉保佑山寨五谷丰收，人畜兴旺；在阿佤山，至少每个村寨有一个木鼓房。木鼓房是全寨的宗教祭祀中心。

木依吉是母性大神，她的化身木鼓也必然是母性。在佤族山寨，我们可以看到两种分别代表女性和男性的生殖崇拜器物，一个是寨心桩，栽在寨子中心的一棵形如男性生殖器的木桩，另一个就是置放在木鼓房的木鼓。

佤人的木鼓奇特，他们制作木鼓的过程更奇特。这个过程叫拉木鼓。

农历的十一、十二月间，一年只种一季作物的阿佤人把旱谷收回家中，一年的宗教活动也就开始了。首先寨子里要进行"接新水"。如果有一族人要从原来的寨子分出去，或者整个寨子需要搬迁，阿佤人就要寻找到新的居住地，先找到水源，依照"接新水"的仪式，把水引到新寨址。然后是"送老火""请新火"，把全寨人家里的火塘都熄了，重新钻木取火。这些必需的仪式完了之后，如果需要，就要组织全寨性的拉木鼓活动了。

无论水与火，无论人类的母亲或木鼓，都将不可避免地老去，阿佤人从生命现象中悟出了要以新换旧的道理。他们不但要一年一次地更换水、火，而且每隔几年，若木鼓房里的木鼓老旧了或是寨中收成不好，族人非正常死亡，还有什么天灾人祸时，他们就得制作新的更有生命力的木鼓来替代老的木鼓。

拉木鼓需要由“巴猜”杀鸡看卦定日子，定朝什么方向去找可以制作木鼓的树。巴猜是佤族宗教活动的主持者，就是我们叫的巫师或祭司。

然后巴猜带着几个青年到山上选好一棵坚硬的红毛树，接下来要确定一家做主祭户。

所谓主祭户，就是由哪一家负责全寨子人拉木鼓时的吃喝。负责主祭的可以是一家，也可以是两至三家，现在大多是全寨凑份子，相当于我们的 AA 制。在久远的年代，佤族村寨的牛和食物都是共有的，就由部落领袖来分工，举行拉木鼓活动。

主祭户在被选中的当天要祭男性家神。能被神谕选作拉木鼓的主祭户，是阿佤人的莫大喜事。历代口传族谱的阿佤人，要把喜讯告知祖先。佤族姓氏传统上是父子连名，祭祀者要在祈祷词中从本家族最近的一代一直念到氏族始祖，直到司岗。祭祀之前的请神祈祷就成了阿佤人重温氏族历史的独特方式。

砍木鼓这天，巴猜带着寨子的青壮年来到所选的木鼓树下，再次进行“驱灵”，把周围有可能因为砍木鼓树而伤害的草灵、小树灵先请开，让他们换个地方待。然后，再请要砍的木鼓树灵和依附在它身上的其他神灵。

巴猜边向树上撒米之类的祭物，边围绕着树念：“树上的鬼神啊，我们看卦选中这棵树做木鼓了，木依吉也同意了，我们敬鸡和米给你们吃了，你们离开这棵树吧，回到原来的地方去。”

这样重复念诵几遍，大伙儿向树上投梭镖一类的东西，驱赶那些对人不利的坏的灵。这时，他们开始安心地砍木鼓树了。

树倒之后，巴猜把一块石头放在树桩上，表示石头是给树神的报酬，请树神让阿佤人把木鼓好好地拉回去。

按阿佤人的传统，木鼓砍好要第二天才开始拉回去，而且

要在路上拉三天以上。这三天，头一天要请木依吉，让她来与阿佤共庆丰收，共享欢乐。然后是每天寨子里都要剽牛。但现在佤山的拉木鼓，不用那么繁杂的分步分时实施了，他们一般在砍木鼓的同一天就把木鼓拉回寨子。

拉木鼓要穿上自己最漂亮的衣服，让木依吉看。以前拉木鼓，没有漂亮衣服的阿佤人,都要借一件穿上，以向木依吉表示自己生活得很好，过得很开心，表达对创造生命之神的感念，让她给阿佤人的快乐生活源远流长。

树段砍下来后，两端各凿了一个孔，叫鼓耳，用来穿拉木鼓的四根藤绳。这样，拉木鼓开始了：巴猜在队伍的前面撒米、水酒等祭品叫路上可能伤害的小树、小草们的灵让道。穿着盛装的阿佤男女老少拉着四条藤绳，排成长长的四条长龙，一路上，他们以拉木鼓歌为号子，步履整齐地往前走。

路上则有人在某棵大青树下用大锅稀饭、大罐水酒招待拉木鼓的人。人们拉木鼓一阵子，跑到大青树下喝下一筒水酒，又回到队伍中，就拉得更有劲了，唱得更洪亮了：“山上绿绿的树啊，

祭拜龙摩爷

你多么美好，让人像绿色的树叶；山上红红的花儿啊，你是多么美好，让人像新开的花；山上强壮的红毛树啊，你是多么美好，让人像最大的红毛树……”

拉木鼓的歌声在山野回荡，传过一道又一道山梁。远处地里干活的人听到歌声，大老远地往这边跑，加入到队伍中。

蓝天倾听着歌声，山野的风鼓荡着胸襟，一群快活的人在天地间尽情吐纳。

人世间最有吸引力的事，莫过于一群活得很自在的人发自内心的歌唱，那是一种生命的信号，是人性最美丽的风景。拉木鼓是阿佤人的一种聚会，是一次狂欢，也是一种感召，是一次释放。它能让你感到生命的自由度，感受在大自然中超然徜徉的人的灵魂。

木鼓拉到寨门，阿佤人要把木鼓调一个头并在另一头打一个鸡蛋，以示木鼓完全离开了原来的树灵，属于阿佤人并将为阿佤人服务了。

之后，木鼓被拉到木鼓房外面，开始由鼓手或技艺高的人来凿木鼓。经过几天甚至更长时间，木鼓做成，放置到木鼓房去，人们又载歌载舞围着木鼓房“跳木鼓”，欢庆新木鼓的做成。接着，是举行“祭木鼓”仪式：剽牛、擂响木鼓，唱出心中的求祈……

木鼓声声中，天、人、万物最大限度地达成平衡，人心得到最温厚的抚慰。

从这样的“穿越”中，你只用明白一个道理：人与自然之间，原来从来就是没有强者和弱者，无论生灵的大小，只有“合一”才能“和谐”。

去普洱纵情

今宵酒醒何处？阿佤山江三木罗

听佤族的歌，别的听不清，有一个韵脚用的词却是随处可以听到，并记得住。这就是“江三木罗”。

随着《阿佤人民唱新歌》唱响四方，江三木罗也成了阿佤人的代名词。当你听到“江三木罗哎江三木罗……”这样的唱词时，就知道这是佤族的歌了。

“江”，佤语是公平、公正的意思。“三木”，为人名。“罗”，是三木这个人的父亲的名，也就是三木这个人的姓。

江三木罗是阿佤人爱戴的一个古代英雄，这位英雄不是因为有赫赫战功而名垂千古，而是因为主持公平、公正、公道成为阿佤人的精神领袖。

阿佤人最尊敬和拥戴的人，不是能征善战者，不是勇猛威力者，而是能够造就公平、公正社会生活的人，是能够给部民带来和平、快乐的人。江三木罗就是这样一个人。他善于学习，聪明过人。从飞鸟筑巢中学会盖房子居住，从蜘蛛结网中学会架桥而行。他精于指挥围猎，能够公平主事，带领族人过着与世无争的原始共产主义生活。

传说，阿佤人从司岗出来后，不知道盖房子住，只能歇在树林中，与草木为伴，受狼虫威胁。有一个叫罗的人，他有三个儿子，老三特别聪明，叫三木罗。

一天，一只漂亮的白鹇鸟引着三木罗到一个山崖上，让三木罗学着蜘蛛，用树、藤和竹枝架桥把两个山崖连起来了。后来白鹇鸟变成了美丽的姑娘，嫁给了三木罗。姑娘心灵手巧，教会了阿佤的女人们纺麻织布，教会他们点播舂米，让阿佤人有了更好的生活。从此，阿佤人就会架藤桥了，也会种粮织布了。

如今阿佤青年男女结合，也以江三木罗和白鹇鸟为完美婚姻的榜样。在举行婚礼时，都要在一棵大青树下看猪卦，巴猜把猪的心肝取出来，看是否“长得正”，如果是好卦，巴猜就说：“江三木罗和白鹇鸟！江三木罗和白鹇鸟！”表示两人的结合像江三木罗和白鹇鸟一样完美。然后给他们两人的手腕拴上“同命线”。

传说阿佤人学会架藤桥后，深沟大箐也挡不住阿佤人了。但

是，阿佤人还是住在山洞里，常常受到山洪的威胁。有一天，做了一个梦，罗又梦到天神木依吉对他说：“罗，让你的儿子去盖房子吧，从此以后，人要住在房子里。”

于是，罗就让老大去盖房子，老大盖的房子地不平，一天不到就塌了。罗又让老二去盖房子，老二盖的房子没有顶梁柱，两天不到就倒了。罗去找老三，对他说：“你去盖房子吧，阿佤人要有房子住。”

三木罗听了父亲的话，就去请教蜘蛛和画眉鸟，从他们那里学会了盖房子。他盖的房子三年都不塌。阿佤人把房子盖在一起，大家聚在一处，就不怕野兽了。

三木罗受人尊敬，还因为他能把猎物分得平平均均，把寨子里的事断得公公正正。后来，阿佤人称三木罗为“江三木罗”，就是“公平、公正的三木罗”的意思。

西盟有首唱江三木罗的民歌：“在高高的勐坎山上，大家围住了野兽，有一个英勇的青年，他用弩射倒了野兽，兽肉堆在芭蕉叶上，他用石称分得平平均均，他就是江三木罗呀，江三木罗……”

阿佤人尊江三木罗为英雄。世世代代以他为榜样，歌唱他，赞美他，记忆他。

江三木罗是原始共产主义的精神领袖，他倡导的原始公平、公正是人们的社会理想。江三木罗这位佤族英雄，是佤族原始共产主义社会的一个重要符号。

至今，西盟佤族仍然有种粮大家分，杀猪剽牛大家吃的习俗。

到了佤山，阿佤人肯定要请你喝水酒，吃佤族稀饭。你知道了佤族稀饭的来历，就知道了这道吃食的做法，也是为了体现公平公正而产生的：在佤族狩猎生活中，有的时候，猎的野兽太小，不好平均分配，便将野物肉煮成稀饭，每人都能分享一份。

佤族喝酒的方式多种多样，其中最常见的一种是在场的所有人

共用一个杯子，然后互相“阿”，这种方式最适宜在火塘边互相交流的时候。“阿”，等于我们说的“敬你”。如果有几个杯子几个人一起同时喝，叫“哎哈”，相当于“大家干杯”。主客间交替着轮流阿酒，一圈下来，在场的每一个人就都被彼此引见了。酒至半酣的时候，主客就会相互交流家谱了，看看几百年前是否是一家人，由于阿佤人父子连名的家谱多半也伴随着关于村寨或地名的记忆，所以即使不是同根同源，往往也能找到曾经的同村或近邻。人们会用古老的调子唱着新词，称赞主人水酒的醇厚，感激客人带来的欢悦，唱这一次相聚的欢乐，感慨终有一别的离愁。

通过“阿”酒，互通了家谱，成为了朋友之后，人们自然地就会携起手来，踏着古老的舞步，唱起司岗里神话中的情节，重温起共同的记忆。至此，大家之间再无隔阂，进入全无戒备的狂欢。

每一个到了佤山的人，面对那些坦荡诚挚的目光，古朴简单的歌舞，都化成一场润物无声的雨，最后浸透身心如醍醐灌顶，这也许就是所谓明心见性的感觉吧。既然久旱逢甘霖，心都会醉，又怎么还会介意、防备那几杯毫无酒外之意的酒呢？剩下的，只能是率性畅饮。

这就是佤族原生态歌舞的源流与魅力。今天的舞台上，佤族那剽悍的木鼓舞，狂野的甩发舞，神秘的祭祀舞常常让观众沸腾。不过，更多的人却不知道，真正的佤族歌舞，并不在舞台上，而是在佤山的日常生活中。

所以，在这片多山的土地，原生态的歌舞，从来就不是一种点缀，一种奢侈，一种茶余饭后的、可有可无的消遣。它随时随地都会自发地举行一场又一场歌舞狂欢。常常会在你毫无准备之时突然出现在眼前，无需事先策划。这时的你，将身陷于一片执着的、朴拙而热烈的歌舞海洋，在被深深打动时又自惭形秽。

在佤山，人与人之间充满兄弟情谊，听到的是祝福声，而不是诅咒的声音，看到的是平静、温馨、和平，而不是满目的疮痍。阿佤人的情感就像他酿的水酒，炽热而含蓄，一代传一代，歌不断舞不息。他们在自己的家园里，劳动着、创造着、歌唱着、起舞着，用自己的热情和理想，追求着美好的生活。

阿佤人确实是歌舞着生活的，他们连盖新房这样的劳动，也要边喝水酒，边唱边跳地完成。他们天生能歌善舞，生活中没有歌声和舞步对他们来说是不可思议的，他们生活的每一个细节，无论是剽牛祭祀还是耕作舂米，无论是起房盖屋还是婚丧嫁娶，都伴随着歌舞。

西盟佤族的传统歌舞主要有竹竿舞、甩发舞、舂米舞、剽牛舞、点播舞、纺线舞、木鼓舞和乌鸦舞。伴随着各种舞蹈的是相应的吹拉弹唱。

无论你从哪里来，也无论你是何种民族，只要到了阿佤山，都会被热情的阿佤人“阿酒”，都会被牵着手走进他们舞圈，和他们一起载歌载舞，同饮同醉，找回生命中最无拘无束的欢乐。

在太阳转身的地方跳一回碧约大鼓

如果你在墨江县城客居，热情的墨江人就会告诉你，地球的北回归线从他们的县城穿过，因此墨江县的一半是亚热带，一半是北温带。

他们还会邀请你在每年的夏至日到墨江来观看立竿不见影的天文奇观，因为在那个日子太阳的直射点移到北回归线上，在此“转身”向北。

甚至他们还会神秘地告诉你，如果想到墨江来生儿育女，保不准就生下一对双胞胎。如果你对此感兴趣，他们会带你去离县城不远的河西村看一口称“双胞井”的神奇水井，说长期喝这里的水能生双胞胎，这样，就可以逃避计划生育政策的约束了。这时，他们将以附近生活着600余对双胞胎兄弟姐妹的事实来说服你喝下一瓢井里的“阴阳圣水”。

在墨江这个不大的县城你可以目睹到目前世界上规模最大的北回归线标志园和一个融哈尼文化为一体的太阳广场。在这些以太阳为中心理念创造的标志性建筑群中漫步，你可能会深感自己天文、地理知识的贫乏，但你仍然可以为人类文明的种种表现手法所倾倒。若是你选择在傍晚时分散步，你还会为飞舞于城市上空或栖歇在城市建筑、电线上的数以万计的燕子称奇，再加上你能感受到的永远湿润而温暖的空气，你也会像燕子一

样，记住这个“适宜人类居住的地方”。

当你走在一条与北回归线呈直角的，同样穿城而过的叫作天溪的小河畔，你会看到一组以哈尼人生活为题材的雕塑群在诠释一种质朴的世俗生活。这就是你一定要去探访那些缤纷族人的原因。

不用舍近求远了，你就去碧溪镇的克曼村吧。距县城只有十来公里。

克曼是一个哈尼族碧约人的村子，这里的牛皮大鼓远近闻名。这是哈尼族特有的鼓种。

传说几百年前，克曼寨子里有两个年轻男女，男的叫洛奇洛耶，女的叫扎斯扎依。洛奇洛耶喜欢扎斯扎依，他用草根和树叶作乐器吹调子追求扎斯扎依，扎斯扎依说不好听。他又用黄栗树做二弦弹唱情歌，扎斯扎依还是不喜欢。洛奇洛耶到山里砍来大椿树，想做一个大鼓敲给扎斯扎依听。第一天，洛奇洛耶砍倒大椿树；第二天，他砍下大椿树最直的一段；第三天，他把树段抬回家；从第四天开始，洛奇洛耶连续凿了七天树段，他凿通了木头的两端，但他没有蒙鼓的牛皮；第十一天，洛奇洛耶一整天为没有牛皮蒙鼓犯愁；第十二天，正是农历六月二十四，“孔早”已到，村里的年轻人都已经准备好了自己的乐器，谈情说爱的时间到了。太阳刚刚升起，正当洛奇洛耶一筹莫展的时候，寨子后面的竜林里飞来一只喜鹊，歇在洛奇洛耶的 27 排头发上，然后又朝对面的山林飞。洛奇洛耶跟着喜鹊，来到山林里一

个悬崖下，那里正好有一头从悬崖上摔下来的野牛。摔得四肢皆断的野牛阵阵哀鸣，像在求洛奇洛耶把它杀了让它结束痛苦。洛奇洛耶觉得是天地大神在帮助他，因为他正想得到一张牛皮，于是他决定杀了野牛，取下牛皮蒙成大鼓，在六月二十四这天敲响感谢天地大神和纪念这头野牛。果然，洛奇洛耶的牛皮大鼓敲起来，扎斯扎依笑了，村里人都朝鼓声传来的方向聚拢。从此，碧约人就开始在六月二十四这天杀牛蒙鼓，打鼓欢庆，求天地大神保佑寨子平安富足。

洛奇洛耶与扎斯扎依结成了夫妻。后来，他俩带领碧约人发起了抗租反封建压迫的斗争，在不屈不挠的斗争中英勇牺牲，成为哈尼族的英雄千古传唱。墨江县整理出来的哈尼族史诗《洛奇洛耶与扎斯扎依》就是讲述他俩事迹的。洛奇洛耶发明的牛皮大鼓，在农历六月二十四、传统节日、婚嫁时才敲，只用于喜庆的日子，不用于丧事。

克曼村的鼓房里有 12 只大鼓，这些大鼓已经进过好几趟城了。每年，克曼人还让来自世界各地的双胞胎及游客见识大鼓舞的魅力。鼓用一段长约 80 厘米直径约 50 厘米的椿木从两头掏空，只剩 3 厘米左右的筒，两端用黄牛皮蒙上，敲打牛皮面，就能发出雄浑的鼓音。

据说，碧溪一带的碧约人都是从克曼分出去的，其他寨子的碧约牛皮大鼓也是从克曼传出去的，克曼是“鼓王村”。从前，哪个寨子要做鼓，要先来克曼请“鼓神”，才能敲响。

六月二十四，吃过午饭，男女老少陆陆续续地来到摆好大鼓的场地，开始了他们最得意也最快乐的牛皮大鼓舞。牛皮大鼓舞既有敲鼓，也有跳舞，边鼓边舞。一只鼓两面，一面各两人，12 只大鼓就 48 人，每人挥着两个鼓棒，轮流敲打，按节令敲出 12 个月的鼓声，很是壮观。舞到豪放时，还有人跳上大鼓，呐喊助阵。7 月的骄阳下，碧约汉子们干脆把衣服脱下，光着膀子敲鼓舞蹈。他们腰上系的红腰带和鼓棒上的红包布与古铜色的皮肤在阳光下跳动，一种力量的美脱颖而出，把哈尼族战天斗地的民族精神演绎得淋漓尽致。

同时，这些生活在“太阳转身的地方”的人们打鼓也是随着太阳方位打的，他们的打鼓古歌里这样唱：

太阳从东照，大鼓东方支，
头天东边打，杀牛蒙新鼓；
太阳当中照，谷丰人畜旺，
二天请太阳，鼓在寨中央；
太阳西方落，三天鼓在西，
西边打大鼓，灾难病根打出去。

碧约人的大鼓要打三天哟，如果你错过了其中的某一天，也同样可以参加这样的大鼓舞。

在克曼村，打鼓不仅仅是男人的事，身穿白底色绣花碧约装的女人们不让须眉，把鼓敲得雄壮威武。随着鼓的节奏，大家“嘿——嘿嘿——”“嗬——嗬嗬——”的吼声把鼓舞推向高潮。

碧约妇女的服装与其他支系的女装有很明显的区别，那就是碧约女装不进行靛染，织出白布就在上面刺绣做边，包头倒是用靛染的青布，但不进行圆周式的包裹，而是从前向后折叠，让包头巾的一头披在背后，像战国时的土帽。挥棒擂鼓间，妇女们的白衣与蓝头巾混合掀起浪花一般的舞潮。

这时的你，可以选择进入鼓舞场，让他或者她教你打几个鼓点，也可以选择一直当观众，然后等待舞者们把所有应打的鼓点都打完了，和他们一起共进晚餐：大碗喝酒，大块吃牛肉！

普洱·快乐之旅 > 056

做女活的哈尼妇女

重温一把狩猎时代的记忆

普洱是北回归线上面积最大、保护最好的一片绿洲，森林覆盖率高达 68.7%，是全国生物多样性保护最好的地区之一。这里林海茫茫，崇山叠翠，是飞禽走兽们的天堂。

在这样的绿海林源行走，你是不是会有做一回猎人的冲动？那么，就带你进山重温人类狩猎时代的记忆。

生活在无量山、哀牢山脉中的彝族是这片土地上最古老的民族之一，他们长期生活在崇山峻岭之中，有极大的吃苦精神和坚韧的毅力。每年农闲或禁忌日子，人们都要跋山越岭追逐飞禽走兽，开展艰苦而又充满乐趣的围猎活动。这种围猎活动既能增强人们的团结精神，又能锻炼人们同自然搏斗的意志，而更主要的是能强身健体。所以这项活动经久不衰地在彝族人中进行着，不少年逾花甲的老人依然肩荷猎具，攀藤附葛，来往于深山密林。

在无量山脉的南麓，有一个叫上班贺的彝族倮倮支系的山寨，地处偏远，直到 1996 年以前，上班贺的倮倮人仍然过着以集体狩猎为主，耕种和采集为辅的生活。过去，这些倮倮人把自己的生存和希望仅仅依附于自然，依附于山林。“食肉寝皮”，野生动物成了他们赖以生存的物质源泉，甚至他们的服饰一般皆为兽皮制品，极富山地狩猎民族特色。

历史上，彝族就是一个善射猎的民族。《史记》《汉书》《水经注》等书籍中所说的西南夷，就专指彝族，而夷字，就是背负弓箭之意。彝族是新中国成立后民族普查时才有的族名，据说这名是毛泽东定的，取自于古代礼器“鼎彝”的彝，有丰衣足食之意。

上班贺寨的倮倮人以狩猎而闻名。你参加他们的狩猎活动不但能刺激你已然迟钝的身手，还能为你回补一下在钢筋混凝土丛林中不曾接触的知识。

倚山而建的上班贺寨很有猎人家的味道，村口一家人就是竹门柴扉，小院猎狗。让人想到“柴门闻犬吠，风雪夜归人”的诗句。虽然这里几十年不遇一次雪，但“风雨夜归人”是常有的。上班贺的猎狗名符其实，在村口他们就给了我们下马威，悄然近前来再一个猛扑、狂吠，确实吓人。

上班贺寨的狩猎方式有两种，一种是围猎，一种是个人串山打猎。围猎是最常见的，据说这种办法比单人射猎更有效。围猎的主要工具一是猎网，二是猎狗。猎网用椰树皮搓成的手指大小的绳索结成，长十多丈，高四尺左右，十分牢固。猎狗也叫撵山狗，撵山狗不同于如今到处可见的各种狼犬和宠物犬，也不同于一般农村里随处可见的土狗，以上犬种都让猎人所不屑。撵山狗通常是多次杂交后的犬，短毛，嘴长，个高通常为 40~50 厘米，身材瘦削而修长，跑起来时尾巴上翘，要通过好猎手驯养后才能“成才”。好的撵山狗不是只会咬的狗，评判猎犬的好坏最重要的是它找猎物找得好不好，只要到了山上就能看出狗的好坏。好的猎犬到了山上就显出强烈的狩猎欲望，它们不会放过猎物的任何一丝气味，下沟，钻刺蓬，投入所有的精力寻找猎物。

围猎时，猎人们先在山下的几个出口处支网，然后放猎狗进箐沟撵，人在狗后和在两边高地吼叫追撵围堵，使野兽追进猎网里，这种猎网围捕可以捕到中型动物，如麂子、豹子、野猪之类。这种集体撵山捕猎活动一直是倮倮人最热爱的集体活动。捕到猎物后，大家冲上去或用棍打或用猎枪打，然后吹牛角号或鸣枪通知撵山人集中，一起分享猎物。分享猎物的规矩是：兽头给打中者，兽肠给狗享用，兽胃给背兽的人，兽心、肝、肾献给猎神，还有要先分给猎狗一份，网主多得一份，被偷鸡的人家得一份（每次出去围猎，如果几天猎不到猎物，要到本寨脾气怪、不太合群的人家去偷只公鸡，拿去杀了献给猎神。偷献后在三天之内猎到猎物时，要分给被偷鸡的主人家一份），其余部分出猎人平均分。捕获猎物后旁人在吹牛角号前见到的，见者有份，吹牛角号后才见到的不分。凡集体猎获的兽肉无论多少要在当天吃完，不能制成干巴，据说如果当天不吃完，下次就猎不到野兽。

个人串山打猎就是那些孤胆英雄的嗜好了，他们昼夜寻找兽迹，守点，下扣子、铁夹或支地枪，而且多半在夜里进行。捕获猎物之后，再通知寨子来人分食。不管用什么方式捕获的猎物，兽肉都要分食的，倮倮人有句话叫“今天吃独食，明天没伙伴”。打猎和撵山不一样，撵山靠的是集体力量，靠体力，而打猎除了体力之外，还要靠经验、智慧和胆识。

上班贺寨共同供奉着一个猎神，在寨子背后土主庙旁的一棵老树脚处，每年初次出猎时，猎人们要带上祭物，由有经验的猎手充当主祭，祭祀过猎神之后才能上山。而在每个猎手家里，还分别供奉着猎神，就在火塘上方的墙上。平时每次出猎，猎人们都要在自家先以鸡蛋为祭品祭过猎神才出门。

上班贺的狩猎时代结束于十多年前，政府将森林划为自然保护区，上班贺的猎人们只能把他们围猎的网具高高挂起。但在他们的火塘边，面对火塘上方墙上依然供着的猎神，猎人们的故事还是犹如火塘上空的烟雾一样不绝如缕。

数千年来，狩猎是人类的基本需求之一，狩猎从古至今一直被视为男人们智慧、胆识、技巧、意志的结晶，这种激情与不羁的生活方式，诠释着男人对野性的追求。打猎曾经成就了上班贺寨的男人们，使他们成为故事的主角，成为妇幼们崇拜的对象。

上班贺寨的老人李四是一个故事最多的猎人。他 71 岁了，

身体精瘦，上了岁数的脸像深秋的树叶，刻写着历世的沧桑。11岁就跟着父亲去撵山的他，有着一双机敏的眼睛。躺在他身边那条养了20多年的猎狗，一颗牙已经脱落，李四总是舍不得卖，说这条狗可厉害了，放到山上去，麻鸡、野兔或什么野货它准能逮到一样，并且一点也不馋嘴，都叼来给主人。这条老狗现在看上去已经皮皱毛稀了，只是从他那双乌黑的眼睛里射出来犀利的目光中，还可以看到当年的虎劲。

李四说，狩猎是一件很危险的事。一个有声誉的猎手，不但要看他是否猎到的猎物数量多，还要看他能否猎到凶猛的猎物，比如老熊。

出没这片山林的老熊多是棕熊，体形健硕，肩背隆起，粗密的被毛，前臂在挥击的时候力量惊人，据说一只成年的大棕熊，前爪的挥击足以击碎野牛的脊背。熊看起来外表虽然笨重，但它们奔跑的速度可达到每小时56公里，由于耐力甚好，它们可以用这样的速度连续奔跑十几公里都没问题。

在李四的狩猎生涯里，遇到最可怕的动物是老熊和野猪，但他说野猪的鼻子不灵，遇到野猪可以让路，躲在一旁就可以了，而且如果不去攻击它，它是不会先来攻击人的。而老熊就不是了，如果它发现附近有人，它就一直追击，即使你爬到树上，它也会抱着树往上爬，上不去也要在树根守着，和你打持久战。

围猎时围到老熊和大独猪也是很可怕的事，如果当时没有猎枪，只带着棍棒，与熊或大独猪的战斗就充满了危险。李四的三哥就是在一次围中围到了一只老棕熊，而在远处的同伴们还没赶到，他和李四一起一边拉着网拦住老熊，一边用棍棒与被困的老熊搏斗。老熊力气太大，眼见很快就要脱网而去，李四的三哥把网收到近处，终于收服了老熊。但他被老熊抓破了脸，咬断了三个脚趾，回家后感染了，在家里什么了做不了，熬了一年就死了。

李四一说这事就挺伤心，说三哥那时才 20 多岁，都没过到好日子呢。

虽说野猪没有老熊可怕，但野猪不但长有一个惯于抬头嗅闻和拱土翻泥的“猪鼻子”，而且性凶力猛，在发怒时会发出像杀猪般的嚎叫声，如果遭到人们的棍棒痛击，就会站立起来，挺直前半身，张嘴追咬棍棒，同时还会用锋利的脚爪向来犯者进行猛烈的反扑撕抓。李四说，围到野猪时，一定要快速击打它的头部，把它打晕，不能一大伙人往它身上各处乱打，这样一是更会激起它的反击，二是把它全身打淤血了，野猪肉就不好吃了。

麂子是普洱山林中最常见的野生动物，属偶蹄目，鹿科。这种体态玲珑的小鹿，一般生活在海拔较高的地方，以青草、嫩芽为食。麂子体内无胆，性格机警怯懦，单独活动，略有稍微响动足以惊动它，使得人类和其他动物无法靠近。尽管如此，一只母麂子在受到伤害时也是非常凶的，李四的另一个兄弟左眼上长长的一条疤痕就是被一只母麂子抓伤的。

李四对捕猎麂子很有经验，他是村里猎到麂子最多的猎人，一共100多头。他拿出一张麂子皮，说这是一张小母麂子的，当时被他的网网住了，他上去拖住它的脖子就把它拿住了。但如果网到公麂子，这样拿就不行，得先抓住它的角，否则它的虎牙就会挑伤人。

在上班贺的狩猎时代，猎人们还曾经使用过弩和筒炮枪这两种射猎工具。好猎手打猎时，他会根据不同的狩猎时间，不同的狩猎方式，装不同分量的药砂，这样做的好处是不伤猎物的皮，不会被打得全身是药砂，肉质好。但一般只有老猎手才敢这样做，因为谁都不愿意看到枪响之后，明明击中的猎物还是活蹦乱跳的，特别是那些凶猛的野物。

狩猎毕竟是人类社会初级的生产方式，更何况民族要进步，狩猎必然要被淘汰。上班贺的猎人们已经彻底放下了猎枪，但他们都还珍藏着猎网，他们现在不能狩猎那些保护动物了，但依然可以去捕斑鸠、野兔。

所以到了上班贺这样的彝族山寨，如果你愿意，他们一定会带上你，跟他们一起在山林中围捕野兔等小动物，如果你还矫健，那就放开膀子一展雄风一显身手。

如果时间地点都不允许你去大山深处去完成你的狩猎心愿，那这样的消息可能更让你兴奋：离普洱市区仅 20 来公里的普洱太阳河（原称菜阳河）国家森林公园里，将会开展狩猎项目，那样，你不用长途跋涉就可以当一回猎人啦。

去蒙化人家把过年“吃酒”进行到底

过年在城里待着是越来越没有意思了，乡间浓浓的年味吸引着你的回归情感。而到普洱无量山区的彝族寨子去过年，更会让你乐不思蜀，经年回味。

经历艰难跋涉，来到一个美丽所在，是行走的幸运。这一年的春节，我们在一个彝族蒙化人的村子“吃酒”。

彝家人请客吃饭，就说请“吃酒”。所以你要记住，如果你受到邀请去彝家“吃酒”，那你就准备好酒足饭饱吧。

大年三十，清晨醒来，天色熹微，空山鸟语，牛哞驴鸣，山中幽谷缠绵的云雾渐渐向高高的山顶方向分散，我们看到了与落日余晖不同的另一种美丽。

年三十了，这个叫班独的蒙化人村子今天最热闹，家家户户在舂粑粑，杀年猪。竜头杨大爹让他的儿子带着寨人去砍松棚，栽到寨心，这叫万年桩。栽好后，杨大爹就在寨子中央喊话：“时辰到了，抬猪！”于是家家户户都回家拴了猪抬到万年桩处。一时间猪叫声充满了寨子，那些抬着大肥猪的，脸上堆满了笑。不一会儿，刚栽上去的松棚周围就放满了肥猪。39户人家，有40多头猪被送来献祭，有的人家今天杀两头。

大家把猪抬来绕万年桩三圈后，就将捆着脚手的猪在万年桩周围放好。当最后一家的猪送来，杨大爹示意一小伙子点燃了事先挂在万年桩上的炮仗，猪们再次受到惊吓，叫得声嘶力竭。而女人小孩们一边捂着耳朵，一边开心地大笑。当场面再次静下来，大家跪在万年桩前，杨大爹边用茶、米、酒祭万年桩，边念：“我们蒙化班独寨，抬猪来敬天敬地敬祖宗了，请保佑我们各家各户男女老少无病无痛，无灾无难，年年有猪杀，家家都富有……”这时的妇幼们一脸的严肃，虔诚地叩头。之后，大家又是一阵忙碌，把猪抬回家中，各自去杀，杀完后把猪的苦胆再拿来挂在万年桩上，表示让祖先知道自己家杀了几头猪。

大年初一，蒙化人开始过年，这一天各家吃团圆饭。初二开始大家相互祝福，互相请吃，男人们打牌喝酒，女人们做针线拉家常，做饭食。

过年时，如有客人来寨子，蒙化人会把任何一家的客人当成全寨的客人，大家都要来争着请客人到家里“吃酒”。从大年初二开始，家家户户就沉浸在请吃吃请和玩乐中。我们在初二这天就一共吃了 35 家的年饭，还有几家没吃到的，说好第二天补。

彝家好喝酒，男女老少个个好酒量，他们自酿的“咣啷酒”度数不高，但容易醉人。一大碗酒摆在你面前，你不能一点不喝，不然会辜负了人家的心意，要是你喝不完一碗，只要放着不动就行。吃饭也一样，给你夹的菜，添的饭你都要接着，即使吃不掉，你摆着都行。彝家是不会让客人的碗空着的。我们就这样吃完一家，又被等在旁边的另一家主人拉到下一家，吃了一整天，发现都一个菜谱：炒猪肉、煮猪肉、猪血橄榄生、炒卷心白。有几家稍有不同，煮了萝卜汤或青菜汤。其中的猪血橄榄生是彝族最爱吃的，也是招待客人最好的菜，他们说杀猪的人家不做这道菜，相当于白杀了。猪血橄榄生的用料除生猪血外，要从山上砍几节肥胖而嫩的橄榄树干，轻轻地刮去表皮，然后再把表皮下层的肉质皮层细细地刮下来，将烤好的猪肉和作料捣碎与橄榄树皮、猪血混拌，或者用粉丝代替猪肉。面对这碗大菜，我们总是胆怯地不去碰它，主人家见我们如此，也不强求，只是不断地在我们的碗里加饭加肉，直到我们都不知道从哪里下筷为止。

由于事先不知道我们一天要吃这么多顿“酒”，一伙人在第一家就吃了个碗底朝天，饱了。以后的一家又一家，就只好看着

景东跳菜

满桌的饭菜干瞪眼，只得不住地举起酒碗说些祝福主人家的话。更有彝家女子端着酒把那“管你爱喝不爱喝都要喝”的敬酒歌唱了又唱，到了傍晚，大家说话都是打结的，走路都是歪斜的，还个个嚷着还可以来几杯。醉了，心也自由了。到了这样的彝家山寨，任何世俗的忧愤、悲伤、无奈和浮躁，都会和云雾一起退隐于远山，最后在燃烧的太阳下消融。

在这一轮属虎这天，行一个“出行礼”，蒙化人的年就算过完了。

出行日是蒙化人过年的高潮。这天一早班独村竜头派出几组青壮年到山上去捉老鼠。捉到两只鼠后，将其剥皮，把鼠头留下交给竜头备用。各户从家中拿出农具，采青松枝绑在其上，把农具抬到万年桩处集中。

每家每户要凑一块肉，一碗米酒和一碗腌菜，集中到寨心煮熟共食。在万年桩周围设多个桌子，全寨男人围桌而坐，女人们站在男人背后。竜头杨大爹将事先准备好的一对老鼠头装在一个用竹篾编的饭盒里，对众人说："大家看好了，老鼠头对着谁？"然后在桌子上转动饭盒，转动停止后打开饭盒，看鼠头对着饭桌上的谁，后面站着的女人们就一哄而上，抢着搓这个男人的耳朵，搓到他大呼求饶。而这个男人也可以用碗里的甜白酒水泼洒女人们，让她们尖叫着放手。

据说这种搓耳朵的游戏是为了把男人的耳朵搓软，这样他才会听女人的话，而听女人话的男人才能够发家致富。桌子的四角上坐的四个男人要戴上帽子，不能让女人搓到耳朵，表示最重要的事要靠男人来支撑，饭桌才不会倒掉，族人也才能年年有饭吃。给男人戴帽还表示向天神祈求，愿当年雨水来得早，风调雨顺，种什么都能丰收。

如果你是男客，那就要注意保护你的耳朵了，否则搓软了不一定能发家致富，回家可能还挨老婆数落啊。

搓耳游戏结束，各户收起农具，每家出一个劳力，把万年桩拨出来，一部分人在前面抬着走，一部分人在后面向后拉着不让走，这样轰轰烈烈地绕寨子三周，才把它抬到寨子后面的竜林中，待祭竜时用其来烧火煮献祭竜神的食物。之后，各家各户就抬着犁具，赶着耕牛绕寨子三周，表示从今开始要投入生产了。

当夜，全寨人跳歌玩乐到天亮。熊熊的篝火，快乐的人群，此时客人们也会在醉步中慢慢清醒。

万人捉鱼：南垒河上的人水狂欢

顺着孟连南垒河朝上游走，一路是水秀山清，坐落在青山绿水间的傣族寨子和他们耕种得精细肥沃的田野更是舒心养眼。

听说这一段南垒河上有一个神鱼池，村民们每年都要去河边献祭。那里的鱼好生奇怪，有的少一只眼，有的白背黑肚皮，总之是一些带“残疾”的鱼。

这就是孟连近年倍受旅游者喜爱的“神鱼节”的来源。

关于神鱼的来历，有两种版本的故事：

从前，有一个召贺罕（王）骑着大象带着随从，要到外地去找老婆，路过一个山腰，看到有母子俩在山坡上挖地，召贺罕命人叫喊那母子俩停下来，等他们的队伍过后再挖，因为挖地会让山坡上的土石块落下来打伤大象脚。可这母子俩专心劳动，谁也没有听到有人叫喊，他们继续劳动，一块石头滚下来打伤了大象的脚。这样召贺罕就没法再往前走了。他把母子俩抓起来，狠狠地打了一顿，并命那个男孩子在7天之内给他找一个漂亮的姑娘来做老婆。

这个男孩叫岩再番，番即穷的意思，岩再番是傣族里最穷的人。由于打伤了召贺罕的大象，他只好为其寻找漂亮的

姑娘。听说南垒河的南边有一个傣族寨子，那里的姑娘都天仙般貌美。但岩再番来到南垒河边时，因水流湍急过不到南岸去，他坐在岸边伤心起来。这时，他听到有人说："我能背你过去。"但四处看看没有人，只见河里一条大鲤鱼向他游来。鲤鱼说："我叫楠，我背你过河吧。"楠在傣语里是尊贵、美丽的女性的称呼。

鲤鱼告诉岩再番，她原本是河对岸寨子里的姑娘，只因为河里的妖怪作恶，每年都要把寨子里的一个姑娘抓来做他的老婆，现在像她一样的姑娘已经有7个了，她们都变成了南垒河的鱼，饱受妖怪的欺凌。为了不让寨子里的姑娘再受到妖怪的欺凌，楠恳求岩再番找到她的妹妹，带到召贺罕的王宫，让她告诉召贺罕每年泼水节时要大家都来河边赕，这样妖怪就不会再去抓寨子里的姑娘了。岩再番答应了楠，楠就驮着岩再番过了南垒河。楠告诉岩再番，自己第二天还在这里等他，驮他和妹妹过河。

第二天，岩再番在南岸的寨子里找到楠的妹妹，告诉她姐姐的嘱托，带着她往回走。可是来到河边，却见河里一阵翻腾，河里的水涨得有大青树那么高。原来，楠驮岩再番过河的事让妖怪知道了，妖怪正在阻止她帮助岩再番和妹妹过河。恨透了妖怪的另外6个姐妹也来帮忙。在与妖怪交战中，楠的一只眼睛被打伤了，突出在外面。别的姐妹有的身上被打青，有的尾巴被打断了，有的打掉一只鳍，有的则失去了大片鱼鳞。经过一番激战，姐妹们把妖怪打跑了，她们带着伤残

的身体把两人驮到了对岸。

岩再番带着楠的妹妹来到召贺罕的王宫，把事情的经过告诉了召贺罕，并让他每年去河边赕。召贺罕和楠的妹妹结了婚，把岩再番留在身边当了侍卫。但他没有听楠的话，泼水节不去河边赕。就在这一年的泼水节后，南垒河发大洪水，把正在出游的召贺罕和他的侍从都淹死了，只有岩再番活了下来。岩再番回到山里，母亲已经老了，他一个人种地供养母亲。

一天，楠的妹妹召贺罕的王妃带着很多村寨的头人来到岩再番家，请他去当召贺罕，因为他心地善良，乐于助人，并且是个孝顺的儿子，是傣族人中真正的男子汉。后来，岩再番当了召贺罕，他不欺负穷人，让每个人都有饭吃，还下令每到泼水节都要去河边赕，感激楠她们七姐妹的帮助，也要告诫河里的妖魔鬼怪，不能作恶危害百姓，让南垒河的水源远流长，两岸的百姓安居乐业。

据说，从此以后，南垒河上经常会打到这样的鱼：不是眼睛鼓在外边一只，就是肚皮上青着一块，有的少了一只鳍，有的光着一块鳞，还有的没有尾巴呢。可惜我们没见到这种奇怪的鱼。据说芒中寨的佛寺壁画上的鱼，就是这些神鱼姐妹呢。

另一个版本则说佛祖派神鱼给孟连送谷种，途中被魔鬼捉住烤得半焦时，神鱼拼命逃出魔掌，跳入南垒河中，把佛祖给它的谷种带给了孟连。后来人们就把这个被火烤得半边眼睛凸出来、嘴巴也歪着翘向一边的鱼儿奉为神鱼。为了感谢神鱼的帮助，让傣家人得到了谷种，过上了世代富足的好日子，人们就每年去祭祀它。

传说是古老的，新的传说在小城和热爱它的游人们之间流淌。

来到孟连县东部，距离县城中心仅三公里的上允角和下允角村。一色的砖木结构傣式楼房，顺着古色古香的长满青苔的石巷走入寨子，便可闻到傣家人斜垂在屋檐上的幽兰芳香。坐在宽敞明亮的楼厅上，眼前就是傣家人的稻田，春来绿养眼，秋来稻米香。作为孟连县乡村旅游业的一个特色村，我们在“农家乐”品尝着纯正的傣味，听着关于神鱼节的最新传说：南垒河的鱼是佛祖的恩赐，每年泼水节前后，人们都要集体下河捉鱼，接受佛祖的恩赐，谁捉的鱼多，就说明谁纳的福多，好运也就会伴随着他。

不管怎么样，祭祀神鱼就这样一代代留传下来，最后以“神鱼节”的形式成为孟连重大的颇有影响的旅游节庆活动。

当你作为一个游客来参加神鱼节的时候，当南垒河畔身着傣、拉祜、佤、哈尼等各民族服装的少数民族欢聚一堂、载歌载舞的时候，当南垒河里男女老少手持各种捕鱼工具跳入河中万人捉鱼狂欢的时候，你只要选择：参与或是观望。并不需要清楚这种行为最初的意义。

傣族把土地叫做“喃岭”，在傣语里“喃”的意思就是水，“岭”的意思即土地。表明傣族把水和土地联系在了一起，把水看作是土地的一部分。

无论是过去还是未来，也无论是传说还是生活本身，傣家人与水，都是讲不完的故事。

傣族主要聚居在平坝地区，周围常常伴有许多的河流及支流。河水引发的灾难给当地居民和稻田带来了极大的损害。因此，傣族相信有神明居住在河里；并且如果神不高兴的时候，他就会发怒，对人类做出惩罚，对环境造成毁坏。因此傣族认为水神带给人们的不仅仅是好运，有时也会给人们带来灾难，这时候神就变成了妖怪。

傣族择居时对水的依赖，是其民族精神中一种延续了数千年的内在思想观念的体现。今天，我们在孟连的傣族寨子，都会看

到寨子坐落于山脚和平坝之间，“背靠青山、面对平坝”是傣族人建村寨的最佳选择，背靠青山可以使人们获得丰富的水资源，面对平坝则易于水稻的耕作。与此同时，如果人们不能找到合适的地方来建立村寨，也一定会选择河流附近的地方居住。这样，清水能够从山里源源不断地流淌出来，村寨附近平坦肥沃的土地对于稻田耕作是相当适宜的，从河里获得灌溉用水也十分便利。

在傣族村寨，那里的水井总会让人印象深刻。它不仅供村寨饮水，还是一种独特的民族建筑形式。水井的井底、井壁都用青砖铺成，上有井罩。有的井罩像一座庄严的佛塔，尖顶上挂有银铃，四周镶嵌有各式装饰物和镜子等。有的在井罩上还雕刻着各种精美的图案。从水井的建筑中，不难体会到傣族人对水的深厚感情。

每天劳作结束后，傣族的人们会到河堤边洗澡。根据傣族的风俗，男人们在河的上游洗澡，而女人们则只能在河的下游洗浴，这是人们一天中最为快乐的时光。河面上映射着灿烂的阳光，河里碧波荡漾，人们一边洗浴、一边嬉戏，相互泼洒着水花，不时地还会唱起优美的民歌。泡在水里，人们洗去了辛劳一天之后的疲惫，尽情地享受着悠闲的时光。

春天到爱伲山寨踏青去

阳春三月，到爱伲山寨去踏青吧。

从孟连县芒信镇出发，沿着林荫下不宽的公路，很快就可以到一个叫广伞的爱伲人寨子。

爱伲人原来住在澜沧江以东的墨江、宁洱、思茅等地，100 多年前，那些地方农民起义频繁，生产生活不稳定，爱伲人就进行南迁。爱伲人原来都是包着一个样式的包头，但在迁徙的时候他们分成了三支队伍，一支从澜沧江上游向东渡澜沧江，一支从澜沧江下游的景洪渡澜沧江，另一支则没有过江，到了勐腊一带居住。

从上游过江的一支遇到了兵匪，把很多人身上背着的布匹和钱银都抢走了，只有妇女在衣服里藏着的东西没有被抢走，于是头人就让大家把包头解下来，把背箩里背着的布匹和钱银取出来，用包头包裹在身上。以后又遇到兵匪，看到他们的箩里什么都没有，就放过了他们。这些人就成了平头爱伲。

从下游过江的一支没有遇到兵匪，但遇到了大水，江水太深，淌水时他们背的布匹和银钱被水冲走了。头人让他们把布匹和银钱都裹在头上过江，这样他们的财产就保下来了。这些人就成了尖头爱伲。

而那些没有过江的爱伲人还保持着原来的装束，就是包头爱伲。

广伞是一个尖头爱伲人的寨子，隐藏在密密的森林中，寨子周围长满了竹篷。温暖湿润的气候使山中的竹林终年翠绿，爱伲山寨的人们世代都把竹子当作生活中的必需品。

一群穿戴艳丽的爱伲男女正在练习竹筒舞，听说他们要到昆明去演出。轻快的旋律和着节奏强烈的“咚咚”竹筒声，加上爱伲姑娘身上那些琳琅满目的饰物发出的伴音，这种散发着山野味道的舞姿肯定会让那些城里人迷醉吧。

爱伲妇女们喜欢用五彩的羽毛和牛骨装饰头部，她们把耀眼的珠串垂挂在头部和身体上，用染好的布料缝成衣裙和腿套之后，再耗费大量的时间精心刺绣，刺绣的图案看似极有规律，其实变化无穷。美丽的贝壳做成腰带，一颗颗闪亮的珠子镶在衣裙和腿套的主要位置。所有的工序都体现在每一个细节上。

爱伲女子的服饰有两次变化，未满18岁时是少女打扮，即头戴绣花帽，帽无檐，帽边绣花纹，其余部分钉有大量的银泡和银响铃，帽顶上钉着若干束五彩缤纷的飞禽羽毛。衣无领，衣襟和边沿、背部绣着繁杂而又规则的图案。下身穿密褶裙，裙上不绣花，长能掩膝。腿部套护腿，护腿上绣有规则花纹。年满18岁后，不再戴帽，改成包包头，视为成年。戴上尖头饰，上面饰有五彩缤纷的飞禽羽毛，成串的绿色金龟子，牛角削制的角针及四季时令鲜花。颈戴银项圈，腰缠彩珠串成的腰饰和饰有贝壳的腰带（一直佩戴到生下第一个孩子，才解下留着传给女儿），同时佩戴耳环，胸部围一块钉有大型银泡的胸罩，作为已婚妇女的标志。

爱伲男子穿黑色衣服，上着对襟衣，下着大裤筒裤，衣服上不挑绣花纹图案。未成年的男人戴小帽，成年后脱去小帽，包上包头，在家旁盖间准备婚恋的小草房，从此即可参加社交活动。

据说，爱伲女子身上佩戴的牛骨头和金龟子越多，就说明曾经有很多小伙子喜欢他。那是因为把牛骨头制作成漂亮的饰物，和到山上捕捉到金龟子并将他烘制成闪亮的饰物都是一个精细的过程，小伙们以送这样的礼物来博得姑娘们的欢心。所以一个爱伲女子即使结了婚也要把这些饰物戴在身上，以此炫耀。

还有，爱伲妇女衣服上的花纹都有特定的含意，多数是反映其历史事件的，当人们跳舞唱调时，常常唱到这些图案所反映的历史。

这些用深厚的情感堆积起来的细节，使她们的服饰在经历了几百年的传统之后，耐人寻味地与今天现代人所追逐的时尚不谋而合；而她们身体上所携带的朴素明亮的气息，又使她们的服饰揉入了一种隐而不宣的奥秘，这是都市中的现代人所无法企及的。这也许就是一个古老民族、一种古老文化传递给族人的永恒而凝固的精神吧。

这里的村民小组长叫阿仁，是省级劳模，40 多岁，非常爱朋友。村里人说，他每年杀年猪都要请寨里寨外的乡亲吃，还有县里乡里的干部朋友，一次要杀两头猪。大家给我们讲了一个关于阿仁爱朋友的故事，说是前一年杀年猪，阿仁请了太多的乡亲朋友，吃喝唱跳到晚上，两头猪都给吃光了，大家还在喝酒，老婆说没有肉了，阿仁放下酒杯对他的村民弟兄说：肉吃完了再杀猪，去把猪厩里那头猪也杀了！于是大家七手八脚把猪杀了，接着吃喝玩乐个通宵。吃饱喝足玩累了的一干人到了第二天早上各自回家了，阿仁酒醒后提起猪食桶去喂猪，发现猪厩里一头猪都没有了，叫人帮他找猪去，人家反问他：“猪不是昨天晚上你叫我们杀吃了吗？”阿仁这下捶胸顿足：“那是我酒醉说的话，你们当真杀了呀，我家最后一头猪啊！”

多年来，阿仁带领村民勤劳致富，寨子里的日子一年比一年好，传统文化也得到发扬光大，县里的节庆活动都少不了这支爱伲演出队，所以政府对阿仁的寨子给予特别的扶持，阿仁也成了寨子里养猪带头人。春节他家杀了4头猪，他说节后要马上添养上10头。

每年农历正月初一到初七是爱伲人的春节，过节时家家户户要舂糯米粑粑，杀鸡，把嫁出去的姑娘接回家。舂粑粑时要用芭蕉叶子垫粑粑，一则粑粑不会粘连，更重要的是表示祖先们生活困难，舂不起粑粑，现在生活好了，舂的粑粑有芭蕉叶大。准备要娶媳妇的人家，还要用芭蕉心腌成咸菜，用来招待客人。

过春节时，广伞的爱伲人要杀一只鸡，盛一碗饭，倒一杯茶水献祭家神。献好后由长辈把鸡肉分给各个家庭成员，同时还要留一只鸡腿给出嫁了的姑娘，一直留到二月完。回娘家的姑娘要拿一个粑粑、一个鸡蛋、一只煮熟的鸡来给父母；媳妇也可

以把同样的礼物带去给自己的父母。

初一、初二的晚上，妇女们邀约在一起跳竹筒舞，每人拿一截竹筒边捣边唱边做些优美的动作。竹筒声、歌声和舞姿和谐地交织在一起，显得格外美妙。

阿仁说，从前过春节，头人都要杀一头猪招待全寨人到自己家跳舞朝贺。妇女捣竹筒，男的敲铜锣，吹芦笙，弹三弦纵情地跳舞，放声高歌，唱的歌词有祝福主人家五谷丰登、人丁兴旺的，有唱抒情曲调的，也有唱历史的，传授各种生产生活知识的。在头人家跳舞还有许多规矩：头人家要在堂屋正中设一张方桌，桌上摆着一斗谷种，谷种上插着香火，斗旁放着一碗酒，来跳舞的人先从里边跳出，边跳边念些吉利的口诀，托着谷种从屋内跳到天井，把谷种放在舞场中央，人们就围着谷种跳，跳结束后再把谷种托回堂屋，头人把谷种分给来参加跳舞的各家各户。人们把谷种拿回放在自己家的谷种上，以祈求谷种撒下后获得更大丰收。阿仁说："我是新时代的头人，也要请大家吃，也要让大家高高兴兴地跳竹筒舞。"于是，他每年要多养几头猪，才够这样欢聚之用。

竹筒舞是爱伲山寨节庆必备的节目。据说从前爱伲人没有乐器，人们发现竹筒发出的"咚咚"声十分悦耳，能让人的心情变得欢快起来，所以在年节的时候就用竹筒来庆贺。也因此人们把竹筒发出的声音当作最吉祥的声音，向天上的神叩首、致敬，祈愿来年的五谷丰登。舞蹈中的两个基本队形是排成整齐的队列、围成圆圈，并排的人们象征着谷物的整齐和茂密，围成圆圈则蕴含着爱伲山寨的团结和聚拢起来自四面八方的好运。

爱伲人在春节期间，生产工具不能放在野外，耕牛和其他家禽家畜也赶回家，要用碎米和稻草喂牛，以表示报答耕牛辛苦一年，给人们带来了幸福。

竹筒舞的"咚咚"声渐渐远去，公路两边的山地上作物又绿了起来，春天已经轻轻地溜进爱伲人的家园。

去普洱探奇

目睹神秘的哈尼葬礼“打摸搓”

在地球已经成为一个村庄的今天，完全没有被现代文明染指的民族村寨肯定不存在了。但每走进一个普洱的民族村寨，你会发现一些依然根深叶茂的老礼俗。

我们在哀牢山腹地行走时，就在墨江的一个哈尼族白宏人的寨子遇到过一场葬礼，叫“打摸搓”。这是哈尼人最高规格的葬礼。

“打摸搓”也叫“摸搓搓”。“摸”哈尼语为老者、长者的意思，“搓”为跳，“摸搓搓”实际上是为死去的老者跳歌。哈尼人认为：生，是魂与肉体结合；而死，则是魂与肉体分离。葬礼上，摩批要将哈尼族历史念诵一遍，从哈尼族最早居住地“诺玛阿美”到哈尼族迁徙路程再到死者家现在的居住地，然后又逆向念诵，把死者的灵魂送回到祖宗的居住地。此外，摩批还要念诵死者的出生、成长、恋爱、成家、劳动、衰老、生病、死亡的自然过程，背诵死者的连名家谱。在葬礼上，除了摩批主持的仪式外，家人要为死者唱挽歌，亲友和族人要为死者跳歌，再现死者一生的快乐，表现族人繁衍兴旺的愿望。

那个叫格牙的寨子里一位老人去世了。是一个70岁的老妇人，她和她已经去世的丈夫都是寨子里德高望重的人。这户人家几代人都沿袭着这种打摸搓葬礼。如果打摸搓这种葬礼在哪一代中断了，后代要重新恢复此礼，就很麻烦，要为中断了的那些先人全部补葬礼，才能续上。这样的葬礼要历经三天三夜，要不停地吟诵古歌和诵葬经文，需要好几个摩批共同主持。摩批们三天三夜轮流吟诵经文和主持各项仪式，而全寨的人则都来帮忙。

葬礼的第一天，寨子里的乡亲背柴的背柴，送米的送米，帮

忙做豆腐的，帮忙砍竹子砍树的，都忙碌起来。

从早上开始，远处的亲戚们陆续到来，每到一家，就有人敲响锣鼓，孝子贤孙们就到路上去跪迎。跪迎一回，他们哭一回，哭完了，又回去该做什么做什么。

亲戚们有的抬着一头小猪，有的牵着一只山羊，还有背着鸡和鸭的。这些东西都将代表各家的心意献祭死者。

这天，男人们上山去砍了一种叫“泡司里”的树，做了一个太阳、一个月亮、一只老鹰和一对知了、一对梳子、一对柜子，还有一个男性生殖器，用它们来祭献死者，并随葬。给死者做太阳、月亮，是代表天地，老鹰、知了代表天地之间的东西，是让它们给亡灵带路，回到祖先曾经生活过的美好故园诺玛阿美。

葬礼进行到第二天凌晨 4 点，真正的打摸搓就开始了：

摩批行了个“唤魂”仪式，意思是让死者的灵魂来看她曾经有过的快乐，告诉她子孙后代会以她为榜样，好好地过下去。接着孝子贤孙们在摩批的带领下手拄一根竹杖，围绕着房子顺时针走了三圈。以后每天都要转三圈，直到出殡。每转一圈之后，就要打摸搓一次，即转完圈的人回到门前一块的空地上，敲锣打鼓地跳起舞。这时全村男女老少都可以参加到跳舞中来：女人们顶着各色的花布，男人们手舞足蹈，大家你抓我一把，我捏你一下，互相嬉戏，连那些老年男女，也做出各种暗示着性和生殖的动作。

到了每天最后一场打摸搓的时候，就是哈尼葬礼中最神秘的部分了：这次打摸搓中将暗寓种族繁衍，参加打摸搓的男女，可以相互表示亲热爱慕，可以约会。

傍晚，摩批领着一个拿着长铁链的人来，他宣布：“大家好好玩，也要守秩序。不守规矩者，按老规矩处罚。打摸搓的范围是，东到竜林，南到寨边栅栏门，西到寨边田，北到寨中大坎子。不愿意老婆、姑娘进来玩的，自家管好，进到圈子里就要守老规矩，闹事吃醋的男人女人，就用这条链子拴起！”

接着摩批宣布：“打摸搓开始！”话音未落，人群就像炸开了锅，有吼着叫着的，有笑着跳着的，有呼朋引伴的，一些人进入摩批宣布的范围，一些人则从圈子里跑出来。

场子内一群女人用花布盖着一个区域，几个女孩钻进里面去，后来又有男人钻进去。花布上面放着一些烟和糖果。

我们不知道花布下面是不是和传说中的那样，男女在里面对歌调情。但村里的摩批说，十多年前，打摸搓比现在更隆重，主人家要拿出大花布和大毯子，男人也会每人背一块花布，看上哪个女人，就可以用花布把她盖上，然后和她对情歌，女人背上个绣花小包，背些烟，男人唱得好，就从花布下递一支给他抽。两人唱得投机，可以单独找地方约会，只要对方同意，男的也可以钻进花布去亲昵，只要在这个打摸搓的区域，他们的这种行为都受到保护，男女双方的家人包括已婚的配偶都不得干涉。现在只是保留了这个意思罢了，就是要亡灵看到，活着的人还要像她一样，生儿育女，让族人发展壮大。以前，打摸搓的时候也是年轻人谈情配对的最好时机，现在时代变了，年轻人也不喜欢这样了，所以钻花布的人少了。而传统是要做的，所以在没人进去时，只好叫自己家的亲戚先进去意思一下。据说，打摸搓时没有人钻花布不吉利，因为那会预示这个家庭没有传宗接代的能力。

两个小时后，在死者家门前的场子上，人越来越少，我们是局外人，当然不可能知道那些许多花布下面的“真相”。况且寨子那么大，摩批给的打摸搓范围又那么宽，真的有情投意合的男女，也不知早到哪里约会去了。

葬礼的最后一天摩批领着孝子孝女们顺时针绕房三圈，之后锣鼓又响，狂欢又掀起高潮，门口方圆不到 200 平方米的地方人头攒动，周围被看热闹的乡亲们围着水泄不通，连附近人家的土掌上也站满了人。孝女们各背着一个花包，里面装了烟和糖果，在场内场外发送。期间，鞭炮声不断，吼叫声和嬉闹声一浪高过一浪。

只有场子正中那桌从打摸搓开始就坐在那儿的格牙寨子的摩批和长老安之若素，仍抽着烟喝着酒。坐在那儿的老者，是在监督打摸搓是否合乎古规。这一桌饭菜，从摆上去就一直不撤，随时添加热菜热饭。

看着这样一群又跳又笑欢乐无比的人，你怎么相信这是一场葬礼呢？只有那高高的幡杆上五颜六色的吊钱，看上去像是与葬礼有关。

终老，是人生最后的一件大事。在哈尼人看来，老人离开儿女令人伤痛，但丧葬却不仅仅是哀伤。因为，生命并没有最终完结，逝者会把他快乐的一生留给后人做榜样，也将带着一生的快乐回归先祖的怀抱。葬礼之上，生命之花将再次盛开。

葬礼最后一天的打摸搓狂欢又持续到下午 4 点，孝子孝女们

倒退着进了家，说是要“送魂”了，他们要到棺材前去跪听送魂。这时摩批开始从格牙寨子吟诵死者走过的地方，然后把她的灵魂沿着祖先迁徙路线送回到人神共居的诺玛阿美。

送魂仪式完毕，一家人从屋里出来，跟着摩批先顺时针绕房三圈，又逆时针绕房三圈，表示这是最后一次跳歌，要出殡了。一会儿，摩批出来向人群撒米，亲属们纷纷抢着挤着去接，谁接得越多，越有福气。接着，棺材从屋里抬了出来，一群刚刚还欢乐着的人突然收起了笑脸，亲属们号啕大哭，一路跪下。这是我们在这场葬礼中看到的真正的悲哭。棺材从他们头顶上抬了过去。

棺材抬远，寨子里一下子安静下来，像什么事也没发生过，场子中央那群老人也撤了，慢悠悠地走开。人们恢复了原来的秩序：挑水的挑水，下田的下田，孩子们依然在那棵老树下玩耍，老人们依然蹲在墙脚处抽旱烟。

有生就有死，有死就有生。肉体的消失，并不意味着灵魂的陨落。灵魂不灭，生命如花，自然永存。那些逝去的先辈们的魂灵，将注视着这些依然附活在土地上的人们，看他们子子孙孙前赴后继，把千年的家园之梦延续。

遗落深山的彝族原始巫舞

虽然普洱境内的彝族汉化比较深，但是，当走进那些山间村落，来到这些彝人中间，你仍然会发现，那种蕴藏于血脉的文化基因，即使换化成另一种形式，它还在那些族人中代代相传。

让彝族文化在这些居住在深山村落的族人中传承的关键人物，就是“毕摩”，有些地方称为“朵西”，“朵西”是彝族社会的知识分子、导师、祭司和巫师。

我们在景谷民乐镇认识了一位通今博古的“朵西”周老先生，在景谷傣族彝族自治县县庆的大型文艺会演中，我们看到有一个叫做《羊皮鼓舞》的节目，就是由他编导由民乐镇的彝族村民代

表演出的。

这个舞蹈一看上去就是似曾相识，像我们在那些历史片中看到的祭祀舞。果然，后来我们知道这就是从彝族原始巫舞演化而来。

民乐原称勐乐，一个典型的傣族地名。“勐”是坝子的意思，历史上傣族以坝子为单位实行封建领主制，即有一个领主管一个坝子，也有一个领主管多个坝子的，后来就把每个领主的属地叫一个勐。相传勐乐原属景东傣族土司的属地，后来景东土司与勐卧（今景谷威远镇一带）土司联姻，把勐乐作为小姐的领地划给了勐卧，即今天的民乐。

民乐山区主要居民是彝族，他们至今保留着一种“跳神舞”。在周老先生的家乡民乐大村，每遇到年成不好、人畜不宁、瘟疫流行之时，都要请“朵西”主持跳神舞，这是一个家庭或者是一个村寨的活动，仪式比较隆重，也比较普遍。

“跳神”实际上是祭祀祖先的一种仪式，其中包括了祭祀的

远祖崇拜和近祖崇拜两项内容。远祖崇拜体现在跳虎神这类彝族的图腾上，这是每户举行跳神的人家都必须请的神，而近祖则包括民族神、家族神和自家的祖先灵。

彝族的跳神活动时间不限，一般三至五年举行一次，要选好吉祥的日子，多在年末的一两个月举行，由“朵西”主持，人数可多可少，但必须是双数，在晚上举行。跳神的场地，设在主人家院子的左边，先用松树搭好一个青棚，青棚后边铺上两床篾笆作为神堂，神堂中间悬挂玉皇大帝画像，两边悬挂财神，“苍龙五爷”“马头神”“地田娘娘”等神像。堂前摆三张方桌，备设铜锣一个，羊皮鼓六只，桌面献上供品，点上蜡烛香火，跳神仪式才能开始，至次日早晨结束。

周老先生告诉我们，从前他们村子跳神，一般都要 50 多个人参加，除了朵西和另一种通神的祭司“香通”是穿着长衫手执祭器——羊皮鼓和司刀外，其他人一律袒露着上身，或者披着蓑衣，脸上、身上都要用红、黑两色化妆成厉鬼模样，并拿着各式各样的用木头做的刀枪棍棒。如果是村寨性的跳神，村里各户都要在跳神的

当天先到灶上去献一碗饭、一个鸡蛋，每家都要告知祖先和灶神今天村寨要跳神。如果是某家族的跳神，就只他家做。周老先生说，家族性的跳神要富裕的人家才能举行，因为跳神时全寨都要来他家吃喝，有时要跳三天三夜，从前有的人家一天要杀一头牛，无数的猪鸡，这对一个家底不够优裕的人家是可望而不可即的。所以在那时，能够举行跳神的人家，也是身份的象征。

跳神的程序很多，有开场、请神、通神、招阴兵、放阴兵、赶鬼、请祖先、背祖神、跳大神等等。间或还有“香通”的一些法术表演，比如用舌头舔烧红的犁头。这些都做完了，就要“招阴兵”“放阴兵”，即让那些厉鬼模样的人到各家各户去“撵鬼”。他们由“香通”领着，“香通”后面有一人牵着一头羊从每一户人家门前走过，当羊过门后，便有五六个人冲进那家，用手中的刀枪棍棒到处敲打，大声吼叫，朝门外赶。这些人动作夸张，表情可怖，声音令人发毛，意为大神放阴兵来把家中的鬼赶起来，赶出去。当全寨人家都赶完后，所有人都挥舞着手中的刀枪棍棒由“香通”摇着法铃引领着、吼叫着朝寨外走，一直走到有河流的地方，把手中的刀枪棍棒、身上的蓑衣全部丢入河中，然后跳进河里把脸上、身上的化妆洗净，才能回到寨子。回到寨子后，他们便在敲着羊皮鼓的“香通”的带领下跳起各种神舞。而所跳之神有虎神、苍龙神、五月神、弯棍神、摇铃祖师、扁担神、披发神等。

这些神舞的舞步有“踩西方”“翻舞”“石蚌舞”“甩脚舞”“穿梭舞”“大路舞”“苍蝇蹉脚”“舂碓舞”等等，这时围观的群众也加入到跳舞中。通常是在广场正中烧一堆火，以此照明和御寒，大家可以通宵达旦地跳个没完，跳累的下去喝盅酒，吃些烤肉再来。此时的彝家山寨，沉浸在一片除尽邪恶的洁净和憧憬之中，剩下的只有欢乐和希望。

所以周老先生说“跳神舞就是我们彝族人的文艺晚会”。在民乐大村，村里一个姓李的73岁老人拿着一面破了的羊皮鼓给我们看，说这面鼓已经有200多年了，是他姑父的爷爷留给姑

父，姑父又给他的。他从 18 岁开始参加村里的跳神活动，最喜欢跳神中跳的那些舞，他现在还会跳，只是老了，跳不动了。他还说，他大前年还参加跳神呢，但他说他们只跳神，不搞撵鬼了。

关于跳神撵鬼的来历，在民乐彝族人中流传着这样一个故事：相传，洪水滔天以后，天地混沌，阴阳不分，人和鬼混在一起，人少鬼多，人受尽了鬼的害。有一个叫阿巴煞的年轻人，想出了一个灭鬼的主意，他伙同人们去邀请鬼来跳歌。先在水边跳，又在山岩上跳，后在火边跳。他们一边跳一边悄悄在把鬼推到水里、火里、山岩下处死，最后剩下三个鬼头，百般向阿巴煞讨饶，决心不再害人。阿巴煞便命令他们一个保护山，一个保护地，一个保护村寨，出了事要找他们算总账。这既是山神土地及寨神的由来，也是跳神撵鬼的由来。

彝族“弯棍舞”的前身是弯棍神撵鬼，彝语称“俄歹格别”，以寨子为单位，在每年大年初二举行的活动。据说在普洱境内的很多彝族寨子至今还举行这种活动，但是程序上简化了很多。我们在民乐二道河观看了一场弯棍舞表演，据周正良说，他们的表演除了不到人家去“撵鬼”，其余的都和从前的跳法一般无二。

每年过年时，当年的属相是什么村子里就要扎用竹篾编一个什么样的头，由“朵西”抬着在大年初二这天领着四个披蓑衣、戴棕帽的男子，抬着用收割时用来打荞和豆子的弯棍，挨家挨户地去跳弯棍神，这种跳法也是要用弯棍在各家门前敲打，朵西要念些驱邪扫恶、保平安丰收的话。但弯棍这种工具在跳神撵鬼后不必销毁，而且只在各家的院子跳，不能进家。据说弯棍是收获用的工具，跳弯棍神的目的，一是为了驱邪，二是为了祈求来年的丰收。用弯棍敲打的意思是警告各路神，要他们好好保佑村寨各户人畜安康，谷物丰收，否则就用弯棍打他们，让他们不得安宁。

现在民乐大村的群众都会跳周老先生教他们的舞步，有的村民还和周老先生一起代表景谷彝族到县城去参加县庆的演出。只是在舞台上，周老先生给跳神舞取了一个个纯艺术的名字——羊皮鼓舞、弯棍舞。他说：“现在我们不搞迷信了，村里早已不跳神了，但我们还要跳自己民族的舞。”

由古老的宗教仪式演变而成的彝族民间舞蹈，除了“羊皮鼓舞”“弯棍舞”外，还有些地方保留着的“山羊舞”。

来到通达村大平掌寨，我们才知道在景谷县旅游宣传册上介绍的“山羊舞”前身实际上是“绵羊舞”，因为做绵羊的道具太复杂，所以大家改用山羊头做道具，所以现在连着名字也改了。

“绵羊舞”也源于原始巫舞。关于此舞的来历，在通达村流传着这样一个故事：董颇和里苏是一对相恋的天神，他们在元宵节的那天偷偷来到人间，装扮成牧羊人夫妇，赶着一群绵羊来到彝族山寨，正逢这里一条恶魔变的巨蟒危害乡里，巨蟒吞食牛羊，毁坏庄稼，民不聊生。绵羊本是蟒蛇的克星，董颇和里苏扬鞭驱羊，与恶蟒相斗，赶走了恶蟒，还给人们安宁幸福的生活。为了纪念这对恩人和威慑邪恶，通达村的彝家人每年农历正月十五这一天，都要用竹扎起绵羊，在本村寨里挨家挨户地跳绵羊舞驱邪撵鬼，祈求平安吉祥，五谷丰登，六畜兴旺。

古老的巫舞变成了现代娱乐的表演是时代的必然，而在这些民间舞蹈中所保存下来的古朴风格，仍然能为我们那些古老文化见证。

母系遗迹的村庄 穿裙子的佤族男人

在公良村的班科寨，依然保留着男子上门、女子当家的习俗。他们虽然子随父姓，却没有父子联名的家谱。

这是一个有着母系氏族社会遗迹的佤族村寨。

班科寨的岩牛是个见过世面的佤族老人，1963 年就是村里的武干，现在 80 岁了，记忆还很清晰。他告诉我们，他也是上门的。结婚时，男方父母亲戚全都得去送亲，如果父母不去就是表示不

同意这门亲事。对于婚前怀孕，男方只要抚养小孩，可以不和女方结婚。男子到了女方家后，不离婚是不能回娘家的。结婚时，要当着双方父母的面清点财物，立下合约，到离婚时按照先前的合约由悔婚的一方赔偿另一方，犯错的一方还要杀猪杀狗洗寨子。所谓洗寨子，就是请全寨共食向寨人承认错误。想不到这种当代人才时兴的“婚前财产公证”，在佤族社会里早就存在。

班科寨在“盖鬼房”这样的重大村寨活动中，男女是分开的，女人做饭做事的时候，男人一律不参与，祭祀鬼房的时候，也是男方在一边列队，女人在一边列队，不允许混站。其他活动也一样，男人站一边，女人站一边，女人坐的地方男人不能坐。

班科寨的三个姓氏间通婚的特别多，很少有从外寨来上门的男人，只有几个男人从外寨子娶了女人回来。看来他们男人上门的古老习俗正在被颠覆。寨子里严禁本姓氏通婚，这在任何一个佤族寨子都是很严格的“佤族理”。如果出现同姓结婚的现象，男女双方都要杀水牛洗寨子，巴猜将牛血洒给两人，然后让他们在寨子的最下方居住。如果没有财力洗寨子，就要被赶出寨子。传说同姓结婚的人都会遭到豹子咬。岩牛老人不无幽默地说：“那时豹子多，住在寨子边的人家都会被豹子咬。”

岩牛说，很多很多年前，寨子里有一对青年同姓结婚，头人按寨规把他们赶出了寨子，他们就搬到芒信那边和傣族住了，海东的佤族就是公良搬过去的。

真的是这样吗？芒信镇海东大寨是我们熟悉的寨子，三年前我们就去调查过，那里的母系社会遗痕比班科寨保留的更多。这两个地方的佤族会存在历史渊源吗？

在孟连县离中缅边境芒信口岸不远的山头上，有一个佤族寨子海东大寨，那里的男人，穿着裙子，戴着耳环，背着娃娃在舂米……

真的，这是一个堪称“佤族母系社会一角”的村子。走进这样的村子，眼前的、耳边的，都会让你惊奇。

根据海东村的佤族传说，他们的祖先是从瓦城来的，当时来到孟连的人很多，孟连坝子人烟稀少，只有帕当有傣族住，芒弄、芒中是佤族的寨子。大家就在孟连坝子找地方住了下来。但是，由于坝区冬天很冷，雨季又被水淹，加上瘴气致死人越来越多，他们的首领派人分头出去寻找更好的住地。其中一支由一个叫雅杭的女头人带着来到海东山上，见此地山最高，林子最密，只是没有水，雅杭遗憾地把杵杖插进地里，叫大家在这里休息，并派了两个人去寻找水源。找水的两个人久去不归，雅杭拔出杵杖，准备返回孟连向大头人汇报他们没有找到合适居住的地方。这时，就在她插杵杖的地方冒出水来。大家一阵惊喜，雅杭命人在冒水的地方用木头做了一个大水槽，又种下了一棵大青树，指挥一队人马在此安营扎寨。这个寨子被叫做“英档”，意思是大水槽寨。“英”意为寨子，“档”是水槽。

雅杭回去向大头人作了汇报，大头人将一部分佤族分给雅杭让她带着他们到海东安家。这些人有的走得快有的走得慢，有一批前面的队伍走过了雅杭找到的水源地往前去了，雅杭派人去追，却发现他们砍的芭蕉又发出了新叶，就没有再追。据说这些人一直走到了缅甸的孟养附近去了，但他们仍然知道自己是属于一个叫“英档”的寨子。海东村 90 多岁的老人岩里曾经给我们讲过，在 20 世纪六七十年代，他去孟养买东西，遇到与自己长得像的佤族，穿着一样的裙子“派养”，搭腔后言语也相通，只是对方更会说傣语。他们问岩里从哪里来，岩里答说是从英档来，对方很惊喜，说他们祖先都是从英档出来的，而且他们还知道雅杭的故事，讲起来彼此感慨不已。

雅杭等佤族来到孟连的时候，孟连还没有土司。过了些年，罕摆法在孟连当上了第一任土司，海东人就成了傣王的臣民，每年一次去上贡。传说海东人用野芭蕉叶包了他们觉得好吃的食物去给土司上贡，因在上贡的路上把东西丢失了，土司就叫这群人为“海东”，意为东西丢失的人，所以，英档便改叫海东了。

海东这个由一个女头人率众建立的寨子，至今还保留着与众不同的习俗，具有浓厚的母系社会痕迹。

这里没有父系姓氏。每个人生下来就属于某个“腾”，岩文属于“腾拜”。腾相当于母系氏族或者母系世系群，每个腾有一个名字，每个腾内部的成员都是同一个女性祖先的直系后裔，每当一个孩子出生，就会以母亲所属的腾名作为孩子的腾名，这就是岩文老人属于腾拜，岩里属于腾绍的含义。腾就如同母系氏族的姓氏，岩文就“姓”腾拜。知道一个人属于哪一个腾，也就知道了他们的母系归属。这种归属，如同常言的归

宗。只是在父系社会中，只有儿子、孙子、重孙子们才是宗族的成员，女儿们因为都要嫁出去所以算是别家的人，而她们的子女也都属外姓人，也全是归不了宗的，所以父系社会可谓认男不认女。和父系社会刚好相反，严格的母系社会中，其世系只计算直系的女性后代，女儿才是“宗族”的成员，儿子却是要“嫁”出去的，他们都要上门。到了再下一代孙子辈的时候，女儿们的女性后辈都是本世系的，但是女儿的儿子，就不是了。所以，母系的世系是认女不认男。不过，从1965年以后，海东佤族的子女都用父亲的氏族姓氏了。

海东自古都是男人上门，至今未变。也实行外婚制度，女子成人之后，在自己所属的腾之外寻找配偶。最小的女儿留家养老，招婿上门，其他的姐妹则招婿之后独立单过。海东男青年谈恋爱需要好好表现，要先去姑娘家努力干活，直到可以留宿在女方家里睡在大通铺上。再由男方去女方家求亲、提亲。结婚时，新郎要打几十斤白酒给村里未婚男青年中的伙子头，他带着众男青年喝，再把一小包槟榔用线拴好，送给全寨每一家的女人，然后由自己的伙伴们送到女方家。婚后三天之内，新郎都尽量不做事、不出门。因为古规要求这三天内凡事都要避免做错，所以就干脆尽量不做事；又因为出门难免会遇到家畜死、人

死等不吉利的事，所以就避免出门。一旦做错事或者出门遇到不吉的事情，都有可能因不吉利而致使女方不再要他。婚后第十天，男方的父母会来探亲，新郎可以回去几天，不过回去的这些天数都算欠了女方的工，还要补还回去。

婚后的家庭中，女人一直是第一把手，家里的财产大都属于女方，家里的箱子也归女人掌管，男人一般不能随便翻，男方没有夫妻共同财产的份额。男人不主事，不管财物，除农活外还要干家务活如舂米、背水、打柴。家里主火塘靠上方的位置只有女主人能坐，男人不能坐。

海东男子在出生后就要穿耳洞，待日后戴上大大的耳环。在结婚以前，他们都住在母亲家里，结婚后住到妻子家里，死后还要归宗到自己母亲所属的氏族。为了魂归故里，直到现在，男人终老后用的寿衣还只穿传统服饰，男人下身只穿“代”而不能穿裤子，据说这样才能被祖宗认出来。“代”也是男女穿的自织筒裙的通称，男人穿的筒裙有个特殊名字叫“派养”，这是一块长方形的围布，裹在腰间，长及脚腕。做大型祭祀时人们要做一块大大的“代”，上面织出天上地下他们认为最吉祥的象征物，如星星和鱼，希望谷子如星星般丰收，动物如鱼般繁殖兴旺。

海东大寨近几年就有 9 个女子嫁到外面去了，只有 4 个姑娘在本寨子招了婿。看来，几百年的山寨生活方式正在动摇。现在海东的年轻男子没有一个再穿着裙子到孟连去上街，虽然还是要织一条摆在家里穿，虽然他们结婚还是要到女方家上门。

事实上，山寨的女人向外面走并不是 10 年前才开始的，早在 20 世纪 60 年代末，就有女子在县城参加了工作，有一个当了税务员，有一个在电影院卖票，一个出去当民族舞蹈教师了。从这些参加工作出去的女人开始，山寨密闭的生活空间已悄然打开。

情人的小帽 老婆的嫁衣 遥远的封火楼记忆

一对年老的哈尼夫妇，如果他们有珍藏，箱底一定有两样东西，一样是婚前和丈夫相爱过的姑娘留下的信物，比如一顶小帽；一样是妻子出嫁时穿的那套嫁衣。

两样东西在同一个箱子里收藏，这事很让人费解。而解释起来，也比较费力。因为它和我们一贯的思维方式不大对位。哈尼族的很多支系都这样，相爱过的人在各自成家后，他们各自的丈夫或妻子决不会因为对方曾经有过的恋情耿耿于怀。甚至当一个女人在婚前怀了孕，婚后她的丈夫不会去追究孩子是不是自己亲生。也许这种现象并不代表全部，但在我们走过的村寨很普遍。我们说，爱情这东西，有很强的排他性，而这一点在很多哈尼山寨里似乎没有说服力。

很多哈尼族的干部都和我们说过，哈尼人是自由恋爱，包办婚姻。把墨江境内的 9 个支系以及澜沧、孟连等边地的爱伲人都考察过来，才真正相信了这话。

在闭塞的山寨生活中，哈尼人婚恋的年龄都很小，十七八岁就结婚生子是普遍。从恋爱到结婚有三四年的时间，这段时间是哈尼人最浪漫的时光。黄昏是山寨最具浪漫色彩的时段。这时的山间林子、田边地头、水井前、柴堆下，总会有歌声飘来，合着口哨声、口弦声、毕哩（一种用竹片做成的口琴）声，青年男女情歌缠绵，人约黄昏。只要旁边没有长辈，他们想怎样唱就怎样唱，想和谁恋爱就大胆地去追求，不会受到长辈和族人的干涉。但是

到了谈婚论嫁的时候，就得听媒妁之言、父母之命了。因为婚姻将承担养老传宗的使命和责任。

哈尼人结婚前是不包包头的，戴一顶小帽，到了婚配的年龄，小帽就是青年男女的信物，小伙子要是看上哪个姑娘，就设法把她的小帽抢到手，若是姑娘无意于他，就派女伴第二天去把抢去的小帽要回来，若是两情相悦，小帽就属于小伙子了。

每个哈尼姑娘都要给自己做很多小帽，以防抢帽者甚多，自己的头上没有了帽子。当然，抢帽者越多，越是姑娘的骄傲。而抢到的小帽越多，并且还没有人来索回，更是小伙子的荣幸。他们将收好这些小帽，日后成家了，让老婆帮他收藏。通过一段时间的对歌抢帽恋爱过程，到了十七八岁，要谈婚论嫁了。男方要向父母汇报，找媒人去说亲。小伙子可以告诉父母他所喜欢的情人，看父母是否同意，若是同意，皆大欢喜。若是不同意，小伙子也要接受父母定的人选。这样，小伙子手里的小帽，就不一定是未来老婆的了。

有情深意笃者，在情人婚礼那天，还要再给情人送小帽和别的信物作纪念，而情人的丈夫或妻子，表现出极大的宽容，他们会让对方穿戴着这些信物参加婚礼。

哀牢山腹地的哈尼人大多都有这样的习俗，在结婚的头天，男女双方都要分别宴请曾经相恋过的情人们，有时还会在同一个地点做宴请，男方和他曾经相好的姑娘们吃一桌，女方和她曾经相好的小伙子们吃一桌，各不干扰，其乐融融。

提到哈尼人的婚恋，就不得不讲“爬封火楼”了。

所谓封火楼，就是茅草房平顶与盖房的茅草两个斜面形成的三角空间。白宏、腊米等支系的哈尼人把这个空间叫做封火楼，是取其作用为隔断茅草与屋内用火，以免烧到房顶的茅草之意。

我们早就听说过关于封火楼的浪漫故事，就这样一个小小的空间，却与哈尼人的婚恋生活密切相关。而今封火楼随着民房改造工程的实施已濒临绝迹，封火楼的故事也就逐渐由别的方式演绎。

阿那还剩两间封火楼，我们第二次上阿那山寨，就是想找到曾经封火楼故事的痕迹。

封火楼既然是楼，那么关于在封火楼上的活动就叫“爬封火楼”。爬封火楼，白宏人和腊米人都称“胡尚”。像阿那寨子这样的地方，房子不够宽敞，孩子多的人家，小时候可以和父母挤着睡在一处，到了成年，一般是十二三岁的时候，就和父母分开了，父母就让他们去“爬封火楼”——到封火楼上睡。有条件的人家，封火楼房屋斜面的两侧也用木板封好，开一个小窗作门用，门口和地面用一根柱子当梯。没条件的人家，只用土基封堵一侧，另一侧就开着当门。封火楼上一般堆有稻草用来喂牛，同时可以当孩子们的床铺，贫困的山里人不能给孩子们那么多铺盖，稻草堆是最温暖的窝。

刚刚上封火楼的男孩女孩们，总是男的一群，女的一伙约在一个封火楼上嬉耍同睡。睡前他们常常互相“串”封火楼，三个一群五个一堆地聚在一起男女对歌、聊天。直到有了心上人，两人就会单独去找一间封火楼住，一般是男方或女方家的封火楼。封火楼上有窗子的人家，天黑后，如果看到封火楼的窗子开着，说明这家姑娘或小伙子还没有心上人，如果窗子已经关上，说明已经有情人在上面了，别人不要再去打扰。

哈尼人认为，人到了十三四岁就应该谈情说爱找自己的意中

人。他们在“哈巴”中唱“小牛大了要顶角，男女到了十三四岁要成对”。因此父母不会干涉子女们的爬封火楼活动，倒是为自己的儿子没有找到可以单独带出去爬一间封火楼的姑娘，或为自己的女儿没有男孩单独带出去爬封火楼而担心。

说起爬封火楼，每个成年人都会说出一大篓故事。我们在一个遥远而闭塞的腊米人山寨听说过，那里几乎 35 岁以上的男子都有爬封火楼的经历，他们的老婆多半也是爬封火楼后娶回来的。封火楼除了是少年们睡觉玩耍的地方，也是男女青年恋爱的场所。一旦恋爱谈成，或者女方怀孕，如果双方父母不反对，就正式嫁娶。若是两人中途分道扬镳，或是父母反对，两人重新组成家庭，互不干涉，互不埋怨。

在封火楼约会时，无论有无性关系，分手后男女都不会计较。当我们问每个成年男人有过多少个封火楼伴侣，他们多会自豪地说出七八个，有一个 30 来岁的男人更是把他曾有过 20 个封火楼伴侣作为光荣历史向我们吹嘘。

他们不认为这样的婚前性行为有什么不妥，因为在结婚前“牙咪牙哟（姑娘伙子）都是大家的”，到结了婚，老婆老公就是自己的了，所以结了婚之后他们要求专一。

虽然阿那人不忌讳说封火楼的故事，但也是要讲场合的。如果有不同辈分的人在场，一般不讲。

一个处熟了的哈尼老表告诉我们，他年轻时，每年农闲和节日期间，年青男女不但在本寨爬封火楼，还互相到对方村寨串玩，

一路上对唱情歌，小伙子从对歌中了解姑娘有无意中人，居住寨子情况，若有意便尾随姑娘进寨，通过熟人打听姑娘姓名、年龄及家庭情况。有的则躲进井边树丛里等候姑娘出现，姑娘来背水时，小伙子便主动上前帮助提水、攀谈，约姑娘晚上出来幽会。如姑娘应约赴会，二人便算是认识，从此开始交往，可以互相到对方的寨子去爬封火楼。过一段时间后，姑娘父母对二人交朋友不加干涉，男女双方便开始频频会面。双方互赠腰带、绑腿布、针线物表示爱慕之情。

经过一段时间的了解，当情歌唱到相互盟誓，男女双方都有结婚的意思时，男方取得家长的同意，就可以择吉日请媒人去提亲。

封火楼的情人们不一定都能终结连理，有很多的封火楼爱情

最终是“此情可待成追忆”，只能把情人的信物压在箱底。

哈尼人结婚有很多繁复的仪式，而离婚却很简单，叫做木刻断情。一桩婚姻无法维持了，他们就准备一只鸡和一些酒、茶，由先提出离婚的一方请来摩批和对方的长辈，共同见证一桩婚姻的终结，共进一次“最后的晚餐”。大家聚到在一处，摩批宰鸡后把血滴在事先准备好的一根竹筷上，让两人手握竹筷，在竹筷上刻下几道纹，让在场的人看看数数，当众把带纹的竹筷剖成两半，离婚双方各执一半，表示从此不在一处吃住了，两人的婚姻关系解除。

总让我们纠缠不清的婚姻与爱情，被哈尼人用如此简单的方式解决，真让人惊异。

走进那些人神共居的村寨

普洱深山丛林中那些古老的村寨，总会让你感到人不过是这大千世界中的一个链环，在这个链环上，每一个物类之间，都有着千丝万缕的联系：万物有灵是这些少数民族心中依然存在的信仰。

佤族的人头桩，傣族的寨心树，哈尼族的竜笆门，彝族的土主庙，拉祜族的佛房……佤族的巴猜，拉祜族的魔巴，哈尼族的摩批，彝族的朵西……走进这些人神共居的村寨，会让你相信，人类身体活动的空间是可以计算的，而心灵活动的疆域可以无限延伸。

拉祜族在复杂、神秘的原始宗教领域中，有多种与神灵打交道的媒介人员。这些具有某种特殊本领和专长的神职人员除了首领性人物魔巴外，还有薜巴和波枯。薜巴在拉祜族的原始宗教中，是专为人驱鬼治病的人。他的一切驱鬼治病活动，是在魔巴的指导下进行的。魔巴为生病的人占卜是什么鬼伤害，薜巴就根据魔巴的占卜和安排，开始为病人咬鬼、捉鬼、赶鬼。治病咬鬼，即用嘴咬病人身体的某些部位，起到神药两解的作用。波枯是拉祜族与傣族聚居区特有的宗教神职人员。无论拉祜族、傣族，一旦有人生病，就去求助波枯占卜触犯了什么鬼神，然后请魔巴进行祭祀活动。

我们在孟连出入缅甸一条边境通道上的腊福大寨遇到了这样的拉祜族通灵人士。他就是腊福大寨的扎多老人，该寨从建寨以来的第五任魔巴。

那天，扎多老人坐在火塘边给我们讲，他所记得的腊福大寨至今有过3个魔巴，前两个是建寨后的第三任头人扎国，以及扎国头人的儿子第四任头人扎勐，他是小时候跟着扎勐学的拉祜历史文化以及一个魔巴需要懂得的基本知识。后来他做了魔巴，每年天神厄沙都会来告诉他这个寨子能得到多少猎物，麂子多少只，野猪多少头，朝哪个方向狩猎才能获得猎物等等。尽管他知道那么多，但他不能参与打猎，那样厄沙就会抛弃他，不告诉他任何事，他只能为其他人服务。而他的特长是给人治病，特别是治疯病，据说曾经治好过很多人。他给人治病的时候通常选在凌晨4点左右，那时天上的厄沙就会来告诉他怎么施治。厄沙先是派蜜蜂下来，所以当听到蜜蜂的声音就说明厄沙快来了，无论是蜜蜂的声音还是厄沙的到来，这一切只有他能听到和看到……

讲到这里，扎多老人的眼睛对着苍茫的不可知处，仿佛回到他做法事时的情景。他用一种充满魔力又极其世俗的语言，传递着人神之间那种影影绰绰的关系。

厄莎是拉祜族史诗中的创世大神，是主宰着世间万事万物，以及人间吉凶祸福的天神。在拉祜族万物有灵的原始宗教世界里，除了厄沙，还有各山的山神、各寨的猎神以及寨神、家神等神灵存在。

腊福大寨还有一个魔巴，他说他是看不见厄沙的，他只通山神。据说所有魔巴都只通山神。

拉祜族在新建或搬迁寨子时，都要先祭山神，请出寨神，由魔巴恭恭敬敬地为山神举行庄严的仪式。至于要祭祀的山神叫什么，要怎么做礼山神才会高兴，这一切就由通山神的魔巴来指点了。

老人的讲述还在继续，火塘边加入了腊福大寨的一个咪科（咪枯）。所谓波

科，“波”在傣语里指男人，而“咪”指女人。这类神职人员仅限于与傣族杂居的拉祜族中。因为腊福大寨曾经与傣族共同耕种，又在孟连土司治下生活，与傣族来往密切，产生了这种神职人员。

这个有70多岁的咪科叫娜阿，她的职责是给人家瞧鬼，看病，看哪家时运不顺和出门问卜等。每年的大年三十晚上要为全寨人家看运势，看到哪家有问题主动上门相告。平时寨人上门自请看运的，要备礼而来。

从天神厄沙到山神，从寨神到家神，从祭祀祈福到送鬼治病，整整一个下午，两个老人都在讲述着他们心中的神鬼世界，直到黄昏来临。

要是你进入一个爱伲山寨，进寨子之前要通过一道寨门——竜笆门。这道门是爱伲人为迎接神和阻挡鬼而设置的。爱伲人的神都有一个自己的名字，如天神叫“阿卜木耶”，家神叫“阿培波龙帕塘”，天上爱伲的庇玛叫“伟执什庇”。而鬼则可以统统叫做“捏”。竜笆门用各种草编成，门上挂着刀、斧、剑和奇形怪状的图案，有的像太阳，有的像一幅抽象的画。这道门具有保护寨子的平安和驱除鬼邪的作用。

神存在的地方一定有鬼，否则神就失去了神的威严。不过，爱伲人的神也不都是好的，雷神就是爱伲人心目中的恶神，多数

人把患病归咎于雷神作怪，要到雷击过的树根献祭。如果雷击着自己家田地附近的树或其他物体，更是惶恐异常，要杀猪、杀鸡献祭，反复祈祷，请雷神不要降灾。

我们认识一个叫阿爬的庇玛。从前爱伲山寨不可缺少的人物有头人“瑞玛”，还有头人的帮手“搓卡”，另外就是神职人员“庇玛”了。

阿爬是芒旧新寨的庇玛，他的道行在爱伲人中远近闻名。

阿俄带着我们来到一幢杆栏式竹楼，从东边的一把楼梯上了阿爬家的展台。阿爬就在展台上等我们，他 51 岁，戴一顶军绿色的帽子，穿着大裆裤，脸上笑眯眯的，看不出与鬼神有什么交道。但是当阿爬把我们领进屋子的时候，就突然感到在这个空间里充满了不可冒犯的神灵。展台正中有一道门，门里的这个空间就是“会客厅”，屋子里有三个火塘，但只有两个火塘支着锅，一个用来煮饭，一个是煮猪食的，还有一个只能在人死的时候用。我们只能待在会客厅的位置，如果主人要留我们吃饭，我们则可以移到屋子另一头的火塘边去。而火塘也是有火塘神的，在爱伲人盖起新房的当天，就要确定火塘的地点，并在火塘旁设个火塘神的神位，以便在吃新米、过春节时献祭。那个火塘神的位置，不能用脚去碰触，不能丢放污秽的东西，自然我们也要小心翼翼地绕道而行了。吃饭的火塘这一侧也有一道门，外边也有一把楼梯，那把楼梯客人是不能走的，那是女主人的专用楼梯，楼梯口的地方专门挂女主人的衣物，那道门客人也不能出入。而房屋的中柱上，可以挂包，但决不能在下面坐靠，因为那里是家神“阿培波龙帕塘”待的地方。

阿爬现在仍然忙碌在为人驱邪治病、祷告祈福的事务中：有人病了要叫魂，有人死了要送魂，死后周年要招魂，遇灾遇难要做礼等等。

阿爬说，每年农历二月十五是爱伲人的最重大的宗教节日竜笆节，爱伲人的竜笆门在寨子的东方路口。届期，人们用两棵栗树杈子栽在路两边，上放一根梁搭成门，大家用树刻成雀、鼠、牛、羊和人形摆放在横梁上，头部朝门外，表示要播种。二月十五日晚，全寨人每户来一个男子，一起商量过竜笆节的事宜。请老人念些祝词，词意是撒下去的种子雀不吃，鼠不吃，蚂蚁不蛀。一年到头庄稼不遭灾之类的话。第二天早上，庇玛家要先下田撒秧，然后其他人才能撒秧播种。到了六月二十四，爱伲人过火把节时，全寨人要进行一次修竜笆，修完竜笆，就等待收获的季节到来了。

时代在进步，爱伲山寨也在前行。在20世纪的七八十年代，这道高高的竜笆门还负有一个重要的职责——阻挡一种恐怖的邪魔“噜达”。爱伲人认为生了双胞胎、多指、兔唇、秃耳等怪胎是被“噜达”附身的缘故，婴儿要及时处死，要烧毁产妇的房屋财产后把产妇撵出竜笆门一段时间。待请庇玛在竜笆门外把“噜达”隔掉后，寨里的人才重新给这家人盖房屋，才能把产妇接回来居住。但是，生过怪胎的妇女永远被寨人歧视。有许多妇女一旦怀孕后，成天提心吊胆，生怕怀着不健全的胎儿。被撵到竜笆门外的妇女，由丈夫搭一个窝棚暂住，丈夫可以回寨子住。现在的爱伲人，虽然相信竜笆门外有一些恶鬼，但他们已经不会把生双胞胎这样的事情怪罪给“噜达”了。也许，这道竜笆门，能够阻挡的东西并不多了，年轻人已经渐渐放弃了老一辈们的禁忌。

离开爱伲山寨的时候，夕阳照在高高的竜笆门上，透出一种远远的神秘。

在这样一些人神共居的山寨里，像我们这种缺少感受神灵能力的人是相当可怜的人，用他们的话来说就是“又聋又瞎”。

寻找苦聪人的蜘蛛网衣

20世纪60年代初，如今普洱市电视台的老新闻工作者郑显文老师才参加工作，当年15岁的他在者东乡学堂村一个叫波浪大村的寨子看到一件苦聪人用蜘蛛网做的衣裳。

“那是1976年吧，我来到波浪大村第一任农业合作社社长家，他在家中排行老二，大家都叫他王二社长。他的家是一间破烂的茅草房，房屋四周都是用木棍做的篱笆墙，床就地铺在火塘边上。火塘上除了一个铁三角、一口锅、一个土茶罐外，什么也

没有，床上只有一块破烂的攀枝花毯和一个木枕头，床板是三块用大树劈砍成的木板，由于使用年代久远，已被磨得很光滑。床后篱笆墙上挂着一把漆黑的三弦。在木枕头上，我看到一堆毛茸茸的东西，王二社长告诉我那是他穿了二三十年的一件蜘蛛网衣！是他用了一年时间，采了几千张蜘蛛网才做成的！”郑显文回忆起苦聪山寨总是忘不了那件苦聪人穿过的蜘蛛网衣，他把当时用120胶卷拍下来的照片拿出来，那上面是一件我们从未见过的蜘蛛网衣：它其实只是一件无领坎肩开襟背心。

这就是传说中“野人”的衣服吗？苦聪人为什么被称为“野人”？他们为什么如此贫困？现在的他们过着怎样的生活？王二社长那件蜘蛛网衣还在吗？苦聪人是否还用蜘蛛网做衣呢？

带着这些问题，我们和郑显文老师踏上了去苦聪山寨的路。

苦聪在唐代后的汉文史料中称“锅挫蛮”，早期生活在青海东部、甘肃南部地区，后因战乱逐渐向青海西部迁徙，再由西向南迁入四川西北部，最后进入了云南。入滇后的苦聪人因受了战火和封建领主的欺压，其中一支黄苦聪沿着哀牢山西侧和无量山东侧南下进入了镇沅、金平、新平、绿春等地。在镇沅境内的苦聪人约1.5万人，在20世纪五六十年代还一直被人们视为“野人”。1987年8月9日，经云南省人民政府批准，归属为拉祜族称谓的“苦聪人”。

清朝中期，苦聪人还处在游牧狩猎阶段，狩猎经济在他们的生活中还居重要的地位。周围的其他民族已经进入封建地主经济，封建统治阶级已经向苦聪人征租收税了，从清朝末期到民国年间，多数苦聪人逐步沦为他族地主的佃户。据调查，今镇沅县者东乡学堂村上龙潭20多户苦聪人，新中国成立前都是一姓肖的汉族地主的佃户，本族中大多数农户没有私田，仅一姓王的人家因给地主当家丁，从而得开田一亩。下龙潭寨20多户苦聪人中，没有一户有耕地。山林、田地、水源都被地主所霸占，苦聪人只能向地主租田种，向山主租地种，田租地均高达百分之五十，多数人没有耕牛，还得向地主租耕牛种地，租金从粮食产量中扣取。许多农户辛勤耕耘一年，到头来粮食都进了地主的仓库，年年过着“放下镰刀把，锅中无米下”的日子，饥饿时只得向地主、高利贷者借吃，年息是借一斗还二斗，借一元还二元。

新中国成立前，苦聪人聚居地区已实行区、乡、保、甲制度，多由汉族地主充当区长、乡长和保长，只有个别甲长由苦聪人担任。封建统治和民族压迫极其野蛮残酷，强行规定苦聪人穿衣不能有衣领，洗脸不准用毛巾，不准戴篾帽、缎帽，不准上街，不准骑马，不准在汉族地主面前吸烟，不准跷腿，不准进有钱人家之门，跟区、乡、保、甲和田主、地主说话要下跪，路遇这些人要远避在路下方。上山不准随便砍伐一棵树。

官府对苦聪人的横征暴敛，达到无以复加的地步，杂税名目有门户税，酒坛税（每个酒坛年税十六元半开），猪头税，区、乡、保、甲长骑马养马所需的“骡马代金”，兵役费，苦聪男子被抓去当兵，其父母还要出押兵费，区、乡、保、甲长“游村串寨税”等等，名目繁多。除官府胡乱征税外，乡丁、狗腿催收税时，群众还要交给他们一份“跑腿钱”“礼钱”，要杀鸡杀鸭招待。交不出钱时，狗腿们就见什么拿什么，即使是背箩、刀斧或其他有用之物皆被拿走。政治上的黑暗统治，经济上无穷无尽的压榨勒索，把苦聪人逼到了倾家荡产“以叶为棚”，“取山茅野菜为食”的痛苦境地。

公元1727年，第一任威远、镇沅同知刘宏度借改土归流之机，“暴虐夷庶”，“踢打众民，今日要草料，明日要柴薪，每日谢银四五钱”，任意苛派勒索，引起群众不满。5月，镇沅的苦聪人参加了扎铁匠率领的拉祜群众与傣族群众一道起义，他们夜袭府署，焚毁衙门，把刘宏度从马槽里逮出来拴在柱子上杀死。但因此遭到了官兵的大举镇压和更加残暴的杀戮，苦聪人逃进了深山密林，成了“野人”。直到新中国成立后，苦聪人才获得了做人的权利。

从镇沅县城到者东镇的路有一段已经是沥青路面了，比起 30 年前，郑显文说我们只用了十分之一的时间。从原者东乡老乡政府所在地的学堂街进波浪大村，我们的越野车可以顺着乡村公路开到村头。

在路下方，那清一色的青瓦白墙民房就是波浪大村，竹篷下面那家就是王二社长家，当年这里清一色是茅草房、木片房。

王二社长已经在 20 年前亡故了，他儿子儿媳的家里已经实现了电器化，连家里的老石磨盘也当垫路石了。

蜘蛛网衣自然不是什么好东西，但它曾经是苦聪人御寒的衣物之一。我们问王二社长的儿子王富明他是否用蜘蛛网做过衣服，他说没有，只看到父亲和村里的老人们做过。然后他告诉我们，村里的老妇女主任王凤仙会做。

王凤仙 1957 年至 1962 年当过者东区副区长，后来她结婚生了孩子，说怕影响工作，自动申请回家务农了。现在她家的院子也已经铺了水泥地面，家里还有碾米机、磨面机和切猪草的机器。王凤仙 77 岁了，身子很硬朗，穿着从城里买来的厚实的线衣，戴一顶毛线帽。她一听我们说起蜘蛛网衣，就感慨万千，说从前苦聪人那个苦呀，人家不把苦聪人当人看，因为苦聪人穷，没有衣服穿，用树叶遮羞，冷了披棕衣，穿羊皮、兽皮，有人到山林里发现蜘蛛网粘在身上热乎，就扯蜘蛛网来做成衣服御寒。她讲起她父亲曾经用一头病死的猪取其皮做成衣服穿的事，声音都哽咽起来。她说：“那猪皮太硬，不拢身，除了挡风，一点也不热乎。但我爹除了披一件棕衣就只有那件猪皮衣穿了。”

我们想看看苦聪人的传统服饰，但王凤仙说：“哪里有什么苦聪衣服呀，以前苦聪人缝不起衣服，我们家姐妹几个到了冬天就抱一两只鸡或者背一袋苦荞到山下去换旧衣服穿。到了新社会大家就穿汉族服装了，哪个还去缝苦聪人的衣服。”

她还说从前没有外族人会娶苦聪姑娘做老婆的，苦聪男人就更娶不到外族女子做老婆了。而后，她又说：“新中国成立后苦聪人才被当人看了，毛主席说全国人民都是一家人，没有人再看不起苦聪人了。”

我们问王凤仙是否见过村里人做蜘蛛网衣，她说：“见过嘛，我们20多岁时都有人做这种衣裳穿，我也会做。但我老了，不能上山扯蜘蛛网了，做一件蜘蛛网衣要成千上万张蜘蛛网。”后来，为了看到一件蜘蛛网衣是怎样做成的，我们决定请村里的几个汉子上山采蜘蛛网回来让王凤仙老人做。他们答应第二天一早就去采蜘蛛网。

第二天一早，我们从学堂街出发到波浪大村，准备和村里的汉子们上山采蜘蛛网。冬天的苦聪山寨真是出奇地冷，站在山上冷风直往脸上扑，脖子里灌。山下望不到底，在上午12点以前，山的下半部分都被云海封住，那些较矮的山，只露出一点点山尖，像一座座小岛。我们到达的地方海拔是1995米，在这样的地方生存，别说缺衣少穿的苦聪人，穿得严严实实的我们，依然难以适应。

9点左右，村里参加采蜘蛛网的男人已经集合了，他们拿着事先准备好的竹枝，我们带上干粮，一起向他们说的蜘蛛网多的山箐而去。

哀牢山上树林浓密，一种大花蜘蛛在冬天就织出巨大的网，有时站在高处望去，大片的蜘蛛网像雾一样白茫茫一片。几个苦聪男人举着竹枝不停地在树上绕，蜘蛛网连着粘在上面的枯叶都被绕到了竹枝上。这样的东西能做衣服？

到了中午，采的蜘蛛网还只有一点点，大家坐在山上吃干粮，休息一下再接着采。虽然村里已经再没有人需要采蜘蛛网做衣服了，但这些苦聪男人仍然穿着补丁叠补丁的衣裳。休息时他们唱

起了山歌，用的是汉语，调子与周围的彝族调差不多。

一直到天快黑了，采蜘蛛网才算结束。王凤仙的侄子说这些蜘蛛网做一件背心够了。

第二天，王凤仙老人用剪子把绕在竹枝上的蜘蛛网剪下来，一块一块地粘在一起，粘成一大片后背，两小片前襟，然后用一根粗大的针把三片蜘蛛网缝合，一件背心就基本成型了。但是，由于蜘蛛网上的枯叶太多，穿在身上扎人，还得费很多工夫把枯叶捣碎，让它们像粉末一样从蜘蛛网上落下来后才能穿。

我们拿着这件蜘蛛网衣来到王富明家，她的母亲刚看牛回来，一看到这件衣裳，就连连说：“是了，是了，像他爹穿过那件了。”说着接过去摸了又摸，然后穿在身上，一言不发。

她的儿媳则扶着她说：“现在国家对苦聪人的扶贫攻坚项目让我们过上了好日子，这种蜘蛛网衣是过去的老古董了，再也不会有人做出来穿了！”

在这个叫波浪的苦聪山寨，在这个郑显文老师拍下过蜘蛛网衣裳的苦聪人家，我们没有找到那件蜘蛛网衣，而这件新做的蜘蛛网衣，它将不会穿在任何一个苦聪人身上。

去普洱拾趣

用不着茅厕的阿那山寨

阿那是一个哈尼族腊米支系的寨子。去阿那寨子山远水远，正如它的名字一样：在哈尼语里，“阿那”即遥远的地方。

阿那寨子在李仙江流域一条支流的源头。我们从墨江县城到达阿那寨子的路上，要顺着南流的他郎河畔来到与泗南江交汇处，再从泗南江岸边向东上山，顺着盘山公路到达山脊上的那哈乡政府，接下来是沿着泗南江的上游支流坝拦河、依玛河、毛驴河依次上行。

阿那是那哈乡珠街村的一个村民小组，东与绿春县牛孔乡毗邻，南与红河架车乡隔山相望，是墨江最边远的一个村寨。去阿那的公路只到珠街村公所附近，从下车开始我们就要顺着毛驴河逆流而上，从河流的一边走到另一边，再过河从另一边走到这一边。这样迂回过12趟河，到达阿那寨子所在的山脚下，再向上爬近两公里的山坡，路至尽头，终于看到云雾中的阿那山寨，背靠一山，两侧还是两座大山，前方就是我们一路行来的毛驴河河谷。

阿那山寨的房屋建筑在山壁上，像梯田一样层次分明，地基一色是用石头垒起来的，门前的通道不足1米宽，但是无论人或牛，都可以在夜晚自如行走，从不失足。对于阿那人和他们的牲畜来说，就是闭上眼睛，也知道脚下踩的那块石头是什么形状。寨子背后就是山巅了，山巅上是一片参天古树构成的原始森林，是阿那人的寨神所在竜林，那是一个神圣不可侵犯的地方。

阿那山寨基本上处于一个闭塞而遥远的世界，其主要出路就是我们进来的那条路，阿那人可以用两天时间到达县城，一天用来走路到村委会再搭乘拖拉机到乡政府，一天坐班车到墨江县城。如果在村委会没有遇到拖拉机，他们就只好继续走路，这样将会延时到达乡政府。这个由107户人家675人组成的腊米人寨子中，主要居住着李、杨两姓人家，最早定居的已有15代。传说最初来到阿那的是一对逃婚的青年男女，在包办婚姻的婚礼上，新娘用剪刀以自杀威胁着迎亲队伍，离开婚礼与心爱的男青年汇合，从山那边的红河县一直逃到阿那来。在这个渺无人烟的高山上，两个又饥又渴的年轻人发现一条很大的山涧，清澈的涧水中还有许多石蚌和麻蛇鱼，于是停住了逃亡的脚步，在此安歇下来，并给这里取名“阿那”。“阿那”，哈尼语就是“遥远的地方”的意思。阿那真是一个遥远的地方。村民们到山下耕种田地总要搭建一个窝棚用于休息和暂堆放粮食用。我们一路上就看到几间这样的窝棚。我想，最初来到阿那的两个年轻人，在举目无人的地方，首先肯定得盖这样一个窝棚，肯定要在采集来自天然的食物充饥中艰难地垦荒。然后有了男人、女人，有了可以播种的大地，再有了孩子，就是一个完整的家了。

据说自从最初的两个青年在阿那这个地方安家后，又陆续来了几对逃婚的。由于阿那山寨所处的地势险峻，一般人难以找到这儿来，所以这些逃婚者得以在此安静地过起了属于自己的日子，直达 300 多年。当阿那成为一个大村落的时候，阿那人不得不记起曾经逃婚而来的父辈们，他们现在坚持着“女人不得随身携带剪刀”的禁忌，多半与逃婚的记忆有关。云雾缭绕中的阿那显得高远而神秘，会让人顺手拈来“此景只应天上有”做感叹。但进到寨子，你会清楚地感受到这里发生的其实也是地地道道的世俗生活，而且是艰难的生活。甚至，到了最后，当我们每天带着沾满畜粪的双脚回到腊米人的火塘边，吃着他们煮的硬邦邦的米饭，还要想着在雨中必须找一处荒野解决拉撒的问题时，就不由得怀念起已经远离的城市生活，虽然那里充满焦躁和压力。

“厕所”这一概念对于远居深山的人们来说是不存在的，大地就是他们的厕所。说起厕所，是我们在哈尼村寨生活中最头痛的一件事，我们常常要强迫自己接受生活中没有厕所的现实，克服种种困难解决问题。而村民们是非常自然的习惯，他们反而不习惯厕所这个东西。在路翁村，我们看到一个业已废弃的厕所，只留下半截空心砖。听说是两年前搞文明村寨建设时盖的，目的当然是要让村的文明从排泄这一生活习惯开始。当然，最后路翁村的人仍然不习惯这座用来堆积人类粪便的建筑，因为它不但会传来臭味，而且引起在寨子里游荡的猪们的浓厚兴趣，结果成了猪们的家园。所以到现在为止，他们还是随意在野外方便，或让粪便自然融入大地，或让在寨子里游荡的猪狗们来清理。

阿那寨也是这样，没有一间厕所。但在阿那我们感到“方便”更加困难，寨子紧密地结合使寨中没有一个可以隐蔽的角落，而走出寨子都是陡斜的山坡，找一个蹲下去的位置并非易事。

我们去过两趟阿那山寨，第一次我们发现这个问题后极力想促成阿那人盖一建简单的茅厕，就给他们留下了 400 元钱作为支持。我们想，村里人出出力，挖个坑，用土基垒个墙壁，盖上点茅草就茅厕了。但事情并不像我们想得那样简单，我们认为的一

件小事对村民们来说就是一件大事。时隔半年，我们再来时，阿那寨仍然没有我们预想的那间茅厕。村民小组长李抱德说，他们商量过盖厕所的事了，村民们对厕所盖在哪个位置争论不休：把厕所盖在村脚的，村头的人有意见，而把厕所盖在村头，村脚的人又有意见，若要真要盖厕所，至少得寨子的上下左右各盖一间，共 4 间才行。

我们以为他们说的也很有道理，100 多户人家哪能才有一间茅厕呢。可熟知他们的向导告诉我们，事实上，如果我们再给 3 个 400 元，他们也不会盖茅厕，因为他们根本就不需要厕所，再说有了厕所，几天后也会被猪和狗破坏掉。也许是的，路翁村那间空心砖盖的厕所就是见证。

没有厕所，并不能说明阿那人不向往现代文明。

在整个世界日益缩小为一个村落的今天，阿那人不可能不受到外界的影响而一成不变。我们第一次去的时候，仅仅是这个宅子通电的第十天，我们就看到有的人家已经有了电视机。尽管寨子里还有 30 户特困户还没有通电，但在要出工之前，村民们还是端着碗去邻居家边吃早饭边看电视。即使是一个广告画面，他们也会看得津津有味。

时隔 4 年，现在的阿那山寨怎么样了？应该再去看看。

爱伲人婚恋的小草房不好住

听说有一对省城的恋人，曾在爱伲山寨住了 3 个月之久。他们最初住在老头人家，和他们同吃同住，只是不同劳动，每天交纳一定的伙食费，后来他们觉得住在一起不方便，就要求认老头人为干爹，那样老头人就得照爱伲人礼俗为“儿子”盖一间婚房。他俩如愿以偿，住进了小草房，但坚持到第三个月，他们身上的钞票用完了，而寨子枯水季节到来，讲究卫生的城里人受不了几天不洗澡，只好回到那个他们曾经厌倦的城市去了。

虽然现在多数爱伲人家都不用茅草盖房子了，但还有一间小房子要用草盖，因为那个小房子不会成为永久的住房。

这间小草房，就是爱伲人的婚房。

爱伲人家里每个儿子成年以后，都要在自家竹楼附近盖一间小草房作为儿子的卧室和谈恋爱的地方。儿子娶妻后，仍住在小草房里，待生孩子后，夫妻分居 5 个月，妻子住在竹楼的卧室里，丈夫住在客房里，满 5 个月后，再搬回小草房住。直到成为当家人，才有权回竹楼居住。

爱伲人习惯在孩子出世的当天杀一只鸡进行庆贺，并给孩子取名。杀的鸡一半留给产妇吃，另一半全家人吃。如果当天有外人来，那就拜他做孩子的干爹，要他给孩子一点礼物并给孩子取名。爷爷奶奶要给孩子拴白色的魂线，祝福孩子快快长大，长命百岁。到孩子满 36 天后，将孩子领回外婆家，请外祖父、外婆杀鸡拴魂线进行祝愿。

生男孩，父亲要上山做个小弩给孩子，并把弩放在楼上，祝愿孩子长大后会狩猎；生女孩就做个撵线托保藏起来，祝愿女儿长大后会纺线织布。

据说爱伲人生孩子那天杀的鸡，脚要长期保留，如果孩子多病，就认为是名字没取好，要重新翻出鸡脚，另取名字。

爱伲姑娘未出嫁前，仍跟父母睡在卧室里。爱伲人通常席地而卧，铺以篾笆和毯子、帕垫，一人一铺。

爱伲山寨每年正月至二月十五日做竜笆以前，可以串姑娘，谈情说爱，讨亲嫁女。做过竜笆后，算是农忙开始，青年人们不谈情说爱，也不再举办婚事。

爱伲人的婚姻较自由，姑娘长到十五六岁，即可和小伙子们交往。每个寨子边都有一块青年人玩耍的场地——“扩角”，两条长长的竹筒凳对面而支。每当黑夜来临，小伙子们弹着小三弦，集中到寨伙子头的小草房，别寨的小伙子们来寨子里串姑娘，也要先来伙子头这里“报到”。人到齐后，他们一起来到“扩角”，

点燃篝火，用“斯哩”（竹箫）吹起邀约姑娘的调子，姑娘们闻声陆续纺着线来了，姑娘、小伙子各坐一方。小伙子用三弦吹，姑娘用歌声答。在这一唱一答中，寻找自己的意中人。

选到意中人的小伙子，谈情说爱的地方先是在姑娘家的脚碓房里，姑娘如果主动出门去和小伙子会面，就说明对小伙子有意。如果看不上就不出门，或好言劝慰，把小伙子打发走，劝他以后不必再来。有的是远地来求婚的，在这种情况下即使姑娘看不上小伙子，也要请他到家里住下，打给洗脚水，招待吃饭。

爱伲人的婚姻是自由的，有时十多个小伙子同时追求一个姑娘，他们约着到姑娘家约姑娘出来谈情，最后由姑娘自行选择，选着谁就跟谁走，其他伙子各自回家，也不嫉妒。一般情况下父母是不干涉的，即使父母干涉也没有用，只要姑娘爱上了伙子，她就可以跟着私奔。

只要姑娘表示愿意嫁给他，小伙子就请媒人去姑娘家说亲。如姑娘不再有什么变卦，就于当天领着回来。也有男女双方相爱而不管老人同意与否，偷偷领着姑娘走的。到了男方寨里，先要安排姑娘在一家亲戚家住下，然后男方杀猪杀鸡请客吃三顿饭，把姑娘正式接进家。婚礼过后杀两只鸡煮熟，再拿上一个熟鸡蛋，由姑娘背着回家请父母吃饭。当饭菜摆好后，姑娘向父母磕头，并祈求道：“我已长大了，一生不做二世人，我要嫁人，图有个后代，一代一代传下去，请父母教我要怎么做。”这时父母也不再责怪女儿了，拿出魂线拴在女儿手上，并一边拴一边说：“嫁人要稳妥，不要让人笑话，不要被人家抛弃，要好好学做人。”拴了魂线，父母要另杀鸡给女儿吃（据说女儿不能吃自己背回家的鸡肉），要陪嫁一些生产工具、衣服和被盖。

出嫁的姑娘生儿育女成了家后，要带足三两银子、一头猪到娘家奉献，同时向父母提出分财产的要求，这是因为在她出嫁时父母没有给够生产工具，嫁过去后粮食供应不够吃，故意回来要的。这时父母也不吝啬，女儿提出要什么就给什么，但姑娘一般不过分地向父母索要财物，仅拿一把刀、一只碗、一双筷、一碗米、一把锄、一把镰、一件衣服、一床被子、一件首饰。按爱伲人的规矩，每个出嫁的姑娘都可以回来分一次财产。分过财产表示不

得再离婚。分过财产后离婚的，娘家要分女婿家一半家产，新中国成立前的规矩是要纯银六斤六两。如果女婿家贫困就有什么分什么，如果欠账，规定还的银子日后必须付清。因为怕罚，所以有许多出嫁的姑娘一直到有了子孙，估计不会再离婚了才回家分财产，年轻时不轻易回娘家索要。

姑娘一嫁出去后，回娘家时不准碰触饭甑，不准在供家神处睡觉。回娘家要财产，想要的东西如父母不给，可以悄悄拿走（大牲畜例外），有些父母故意装作不知道。

爱伲人嫁姑娘不办婚礼，不请客吃饭，也不事先准备嫁妆，只有男方家才举行婚礼。婚礼的规模根据家庭条件而定，有的杀肥猪，请客吃三餐饭，有的只杀一头小猪，请两三人吃一餐饭。

听说，从前爱伲人还有“牛屎迎亲”的习俗。小伙子领着姑娘来到寨里，先安顿在亲友家。待择了吉日，办好了酒席，才把新娘领进家，这时年轻小伙们要拿牛屎往新娘身上抛投，新娘由迎亲的人用事先准备好的竹巴扇把牛屎挡掉，不让打在新娘身上。据说这样做可把新娘从娘家带来的祸殃阻挡在家外。娶来的新娘，用牛屎追打过后，种庄稼会丰收，养家禽家畜更加兴旺。如果有抛打在新娘身上的牛屎，要过了夜才能换衣服洗掉，以示除尽邪恶。

今天，在嘈杂的人海车流中，在鳞次栉比的高楼大厦里，在坚强忙碌的固定程序中，人们似乎离现代化的核心承诺——幸福却越来越远。于是回过头来怀念那早已消失的过去，缅怀简单纯情的日子。爱伲山寨充满了许多神秘浪漫的元素，于是，一些对物化、刻板日子生厌的城里人越来越多地来到这里，想跑到边地来“休养生息”一番。

但边地终究不是桃花源，她只属于生于斯长于斯的人们。你这样的匆匆过客，走得再近，住得多久，也只能是“游客”的身份了。

土掌房：在地上行不如在房顶走

如果你进入一个由土掌房群构成的哈尼族村庄，你一定要小心迷路。如果你不小心迷路了，那你干脆进到任何一户人家，请求从屋顶上通过。因为站得高，看得远，你就不会迷路了。

所谓土掌房，即用夯土建成的房子。哈尼人的土掌房是“品”字型的两层土木结构，上方的“口”是房屋的主房，成三大间，上下两屋，楼下的左右两间是年长者和大人的卧室，中间一间是堂屋，堂屋正中靠墙处设有供桌，墙上钉有祖宗神灵的神龛。除此之外，堂屋的功能类似我们的客厅。下面的两个“口”是主房的左右两个厢房。主房与厢房连接处有一方形天窗，用来采光和

排烟。一间厢房是厨房，另一间用来堆放柴火杂物。这种房屋的特点是结实，防潮，冬暖夏凉。

记得有朋友看了我们拍孟嘎寨子的照片时，居然把那些用红土建成的土掌房群看成了一座大型沙雕。

孟嘎是哀牢山上的一个村子，属于墨江的那哈乡。土掌房群傍山斜铺，密密麻麻，屋顶相连成片。户间通道与其说是巷道，倒不如说更像地道，在其中穿梭和“地道战”一般。事实上，在哈尼人的寨子，从下面的小巷走不如在土掌房的顶上走，因为房屋与房屋之间只要通过一把独木梯就可以连接起来。所谓独木梯，只是一根长约 2 米，直径 20 多厘米的原木，把一面凿成梯状口，从这家的屋顶搭向另一家的屋顶，就成了。独木梯是把单间的土掌房串连成一个寨子的桥梁，这个桥梁属于寨子，而不是某一户人家。在墨江哈尼山寨，你都可以看见这种独木梯。

几十年的风吹雨淋和不断承载，很多独木梯越来越细，梯面越来越小，但哈尼人依然在使用。就像哈尼山寨的老牛，再老，也要下田，直到它拉不动最轻的犁。据说孟嘎寨里最老的房屋已经传了 10 代人，有 239 年的历史，从来没有翻新过。

在孟嘎寨子见一个带孩子回家的妇女走独木梯的情景，怎么也忘不掉。她背着很粗的一背柴，从村脚的屋顶向高处的家里走去，一手把孩子抱起夹在腋下，一手扶着独木梯，很快地沿着独木梯向上行走，脚步从容平稳，走得很快。她背着的柴至少有 40 公斤，孩子大概四五岁，而独木梯每道坎的平面，只有巴掌大小，只能容纳一只脚掌的三分之一。

除了负重和年龄大的人，在土掌房之间“高空”行走，一般用不着独木梯，只需要“跨越”就行了。我们看到一群顽皮的男孩子在高低错落的屋顶间飞快地跳跃，身轻如燕。

孟嘎是傣语，可能最初来到这里的是傣族。傣族不喜欢山地生活，留下了地名就寻找沿水的坝区去了。哈尼人来此建起了自己的寨子，并构筑起色彩斑斓的山寨生活。

孟嘎寨最强烈的色彩是就是由这群爱美的中年妇女来传递的。她们全身色彩是一组经典组合：黑、白、红。她们自己织染的衣、裤是很深的墨兰色。衬衣和包头上的银饰、胸前的银饰是一片亮晃晃的洁白。而包头上的流苏她们最喜爱用红色的毛线做。白宏妇女们的头饰非常讲究，除了镶着银泡、银币的包头和披到肩膀的厚厚的一方黑色方巾，还有多种串珠，各色毛线制成的流苏，红的绿的黄的流苏从头垂至肩部，随着头的摆动轻轻摇曳，夺人眼目。如果你走近了仔细看这些制作精细的服装，你还会发现她们全身各处的绣花、饰物还不仅仅是你看到的几种颜色，红有几种红，白有几种白，黑也有几种黑。她们以用色的深浅不一而使各处的色彩具有不同的变化。

这样一群女人走在寨子里，就是流动在孟嘎寨子的一道最亮丽的风景。

简单的生活原来并不会减损对色彩的敏感，这不由你不赞叹。

由于青年女子们都进城打工去了，大多数孩子也在外面上学，

最后，是这群中年妇女给我们表演唱这里的传统儿歌“阿迷车”。“阿迷车”本是十岁左右的孩子们唱的歌，是少女喜爱的一种游戏性歌舞，其旋律是我们听到的最轻松愉快、充满欢乐的哈尼族民歌。平时，每到月明风清的夜晚，少女们就相聚在寨子的广场上，手拉手地跳起这种既是游戏又是舞蹈的“阿迷车”。

“小伙伴们拉起手，拉起手来围成圈，唱起来啊跳起来。四月的月亮最漂亮，田里的鸭子在嬉戏，树上老鹰在做窝，邻村婶婶摘谷穗，邻村婶婶选谷种……”

一群中年妇女唱“阿迷车”的时候，也许那些儿时光阴被重新忆起，每个人脸上的表情与儿歌的轻快不是十分协调，让人怀疑那就是来自岁月的淡淡的感伤。

如果要参观土掌房，你不必跑到孟嘎那么远的寨子。墨江县城附近的癸能大寨就可以满足你的好奇心。

癸能大寨虽然大，但出入寨子的门只有两道。一道是朝南的大门，一道是朝西的后门。从前，寨子里的两道大门平时开着，村民要赶马出山的从大门走出去，就上了大路，要吆牛下田的从

西门走出去，外面就是梯田。要是寨子有土匪来犯，村民们就关上两道门进行守寨防御。

癸能大寨土掌房的密集程度，一点也不亚于孟嘎村：通道狭窄，房屋间距小，一家连着一家，一层连着一层，从屋顶可以走遍全寨。把房屋建得如此紧密，有人说这是为了男青年好串姑娘，哈尼老人立即否定了这种说法，说这是为了防御。从前土匪出没，发现敌情，大家户通知户，人通知人，全寨男女老少出动，用最快的速度把石头堆在屋顶，手握木棍，一有人靠近就推下石头，再有爬上墙来的，也在棍棒下滚了下去，不敢再来。

我们在寨间小道上行走，往往迷路，而在房顶上走，却能把整个寨子尽收眼底。在寨子里住了三天，我们仍然还需要向导。

山街上驮着锅具煮自己的毛驴

俗话说，“天上龙肉，地上毛驴肉”，到了景东无量山区你不吃毛驴肉，岂不是白来了。

但要说把毛驴肉吃得有滋味，那还是到赶集的地方去。

在无量、哀牢山间那些纵横交错的乡村公路上，你常常会遇到拉着一车赶街山民的一辆辆拖拉机，老老少少们坐站在车上，虽然车里一定拥挤得喘不过气来，但满车上也仍然会充满欢声笑语。

如果你看到有人牵着一头毛驴，毛驴背上驮着一小捆松柴，一口大锅和一框碗筷，那就是到集市上去煮毛驴“汤锅”的，“汤锅”也叫“烂㸆”，就是把肉煮得很烂，打着蘸水吃。每次赶街集市上都会有就地打起锅灶宰杀毛驴煮“汤锅”的人，而“汤锅”的原材料，就是他牵着的那头毛驴。

如果毛驴知道，自己是帮着主人驮着即将煮熟自己的柴火和锅具到集市上去，它怎么也得在半路上想法跑掉吧?

如果你蹲在那临时的汤锅摊上吃毛驴烂㸆，那是何种滋味呢? 即使知道毛驴是自己送到你嘴中的，你也用不着有感想，物尽其用嘛。

在中国，集市在周朝就有记载。集市有多种称法，比如集、墟、场、街等。在中国古代，常被称做草市。“赶街”这种古老社会里的商业贸易行为，也是乡下人生活中最重要的一部分。从前乡下人交换物品，约定一个地点，地点也许是路边的一块草皮地，人们定时到那里去交换产品，久而久之，这些地方可能为了避雨而搭建了临时的草棚，再后来就建盖了房屋，最后就成了今

天众多的集镇和集市。

集市是农村商品交换的主要方式之一，在农村经济生活中起着重要的作用。在集市上买卖的主要商品是农副产品、土特产品、日用品等。而在今天的哀牢山上，很多地方仍然使用着诸如“草皮街”“搭篷街”的地名。而且，大多数山里人的产品一直是靠这些“山街”来交换。

无量山、哀牢山上的彝族、哈尼族、苦聪人等山民们一般都按阴历（农历）或阳历的一、四、七，二、五、八或者三、六、九等日，还有按照十二属相设立循环周期的逢集日。相互邻近集镇的逢集日期不重叠，因而就有一些流动商贩在不同的集市之间上轮流赶集，称之为“赶转街”。此外，也有逢单、逢双日赶街的，不仅有赶阴历，也有赶阳历的。

“农俗产品特色多，琳琅满目任你选”，千百年来的乡土气息，在山里的街市上就像一个多棱镜，折射出了五彩斑斓的世界——在赶街的日子，小贩们从前一天的集市开着农用车赶往今天的集市，农民们从家里用扁担挑着箩筐走几里甚至几十里山路而来，还有牵出一头毛驴或者一匹马，把东西往它们身上一驮，就出发了。

到了集市，小贩们摆上衣服、洗衣粉等日用品甚至饼干、酸奶等城市食品，山里人就从麻袋里拿出谷物和土鸡，自家腌制的腊肉干巴，筐里也许装着一些山茅野菜、山果野花，或是自采的野生蜂蜜。最多的还是那些手工编制的竹篮、斗笠、竹扫把等生活用具，和山民们必不可少的老草烟，即便是女人，也要蹲下来尝几口，试试劲是否足，味是否辣……

山民们到达街市一般是上午 10 点左右，而到了下午三四点钟，山街就开始撤了。小贩们忙着装车，赶往下一场街点。村民们则心满意足地踏上回家的路，即使有东西没有卖出去，有想要的东西没能买回来，也还有下一场街，不在这里赶，可以去别处赶，不在今天赶，还可以下一次赶。

山里定期的赶集其实也没有更多的东西，就是一些小贩摆几个小百货摊，山民们把自己种出来的粮食或其他农产品拿去卖给收购的小贩，换成钱又买点百货回家。他们总是挑来很重的一担，换到很轻的东西回去。我们赶过那哈与红河县交界处的一个山里的集市坝木街，每逢初一赶集。赶集时除了粮食、少量鸡鸭，几乎见不到什么农产品，连鸡蛋也是城里小贩拿来卖的洋鸡蛋。很多当地人都说，这样的山里街子原来称“骡马街”，是山里人用山货与城里人交换生活物资的“物资交流街”，现在却只有城里

人的百货了，山货越来越少。他们说“山里没货了，骡马街只进不出”。

在山街行走，你不会看到行色匆匆的商旅，即使在比较繁忙的乡村公路上，也只会看到挤在拖拉机或农用车上的山民，他们的神情是漫不经心的，对于他们的目的地街子用不着期待，他们知道，只要车动着，早晚要到达街子，早晚会把袋子里的东西卖掉，然后男人给自己打上一斤酒，女人买几支各色毛线回去绣花织头

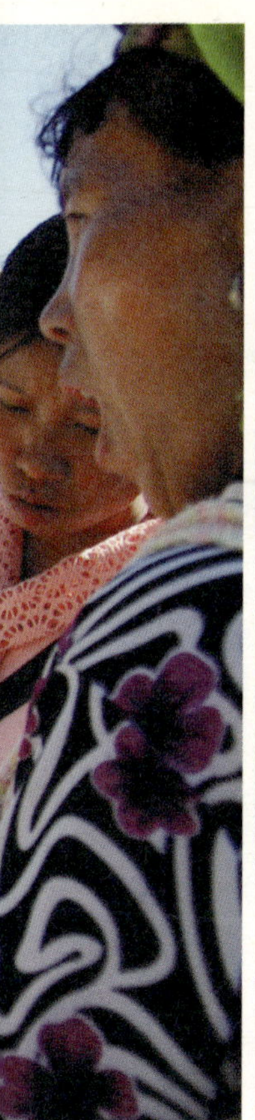

巾，或者给家里的男人买一包黄烟丝。而这些事情，早一点晚一点做成又有什么关系呢，它不像种田那样，需要赶季节，否则就“不得吃”。

“扎努喜欢娜儿”

在普洱这样一个少数民族众多的地区，你会听到很多令人开怀的笑话。

比如在南卡江畔滇缅边境的一个傣族村子，有一个傣族老大妈向迎面走来的汉族工作队员问道：“同志，你过来给看见我过去？”这位工作队员听了一头雾水，老大妈又问了一遍：“你过来给看见我过去？”工作队员还是不明白，嘀咕了一句：“神经病！”老大妈听到说道：“我你没有看到，看见那边有蜂子？”

这是哪跟哪啊？如果你听了，还不晕倒在地？

傣族老大妈是要问，有没有看见她的牛从这条路上过去了，她在找她的牛。而傣族老大妈忘记了“牛”在汉话怎么说，就直接使用了傣语的“牛”，发音与汉话的“我”十分相近。而老大妈经常听到汉人们骂人时说“神经病”“疯子”，知道神经病就是疯子的意思，但她不知道此“疯子”不是彼“蜂子”，虽然汉人都读这两个字都是一样的，但她一直以为那些会酿蜜的小昆虫就叫神经病。

这下你懂了吧？还不喷饭？

这样的事儿多了，你再听听这个：一个拉祜族小伙子喜欢上了一个外村的拉祜族姑娘，却没有记住姑娘的容貌，只是互相通报了名字。小伙子就写了一张很大的广告情书：上寨的扎努喜欢下寨的娜儿，请娜儿明天晚上来上寨跳歌场找扎努。第二天晚上，上寨的跳歌场来了 5 个娜儿，而除了写情书的扎努自己，上寨也有 8 个扎努来了……

又蒙了吧？那就先了解一下拉祜族的取名和婚恋习俗吧。

拉祜人婚恋是比较早的，到了能犁田耕地，背得动 4 斗（每斗 10 公斤左右）谷子的时候，姑娘小伙就可以谈婚论嫁了。能达到这个体力和劳动技能，大约是十四五岁的时候。老一辈的拉祜人，是不知道自己年龄的，我们所记述的拉祜族年龄，只是一个近似值。自古以来他们只记出生日属相，并按生日属相取名，不记出生年月日，因而没有年岁的概念，我们就在一个拉祜族寨子遇到一个背柴的老人，当问她年龄时，她竟回答说：“活了很久很久了，怕有一千岁了吧。”

拉祜人的名字，有的按出生属相取，有的按生日的时辰取，

属相只有 12 个，一天的时辰也只分 6 个，所以他们重名的特别多。如果不知道拉祜族是怎样给孩子取名的，进了拉祜人的寨子肯定会闹笑话，不信你站在一个拉祜寨子的中央大声喊“扎努”，肯定会有老少不一的几个人出来答应。

在拉祜人的心目中，他们的始祖是从葫芦里走出来的，而且是兄妹，叫扎迪和娜迪。后来他们取名时，男的就叫扎，女的就

叫娜，在拉祜语里，扎的意为强悍、勇敢，娜意为贤淑、苗条。在扎和娜的后面加上 12 种动物属相的名字，就是一个拉祜男孩或女孩的名字了。传说是 12 种动物将扎迪和娜迪的 12 对孩子领养大的，所以这 12 种动物也是他们祖先的恩人，要把它们的名字留存自己的名字里。比如属牛的男孩叫扎发，属牛的女孩叫娜发。如果一个寨子里有好几个扎发，就用有特点的定语加以区别，如寨子上方的扎发，或娜儿家的扎发，或有眼病的扎发等等。我们在芒信镇的拉嘎村看到，在村委会的村务公开栏上，有 7 个叫扎努的人，那就用阿拉伯数字区别：扎努 1，扎努 2，扎努 3……就这样，如果你要去拉嘎村找扎努，一定要问清楚他是扎努几号。如果孩子的属相与父母的相同了，是不能父子同时叫“扎努”这样一个名字的，那就要按生日的时辰来取了，天亮时为“体”，中午前叫“吾”，傍晚时叫“耶”，半夜叫“克”等等。如天亮时生的男孩叫扎体，女孩叫娜体。如果与长辈的生日属相以及时辰都相同了，就只能按大小顺序来取名，如头胎孩子男孩叫扎儿，女孩叫娜儿，最小的男孩叫扎哩，女孩叫娜哩。

跳歌场合，正是青年们寻找意中人的最佳时机。当小伙子吹起悠扬的芦笙慢慢离开舞场，姑娘们便会弹起动听的口弦跟着来应和。经过对唱情歌和对吹曲调，如果有男的抢走哪个姑娘的手电筒或荷包之类的物品，姑娘故作追赶的样子跟小伙子跑到僻静处，表达相互的爱恋。此时，小伙子就会邀请姑娘去跳舞，因为拉祜族的舞蹈大多是手拉手转圈跳的，所以小伙子乘机要摸摸姑娘手上是否有手茧，以确定她是不是一个勤劳的姑娘，手茧越多的姑娘越受欢迎。

那个写下“扎努喜欢娜儿”的扎努，就是在跳歌场认识的娜儿，虽然已经手拉手跳过舞，还互相说过些话，对过歌，但因为晚上天太黑，只记得这个叫娜儿的姑娘手茧多多，人却没有看得太清，所以不知道是哪个姑娘了。

听到这里，你一定恍然大悟。如果你爱上了普洱，就一定会爱上这些千奇百怪的故事，轻松愉快的趣事。

阿佤人那些奇趣的事

在佤山西盟，你会遇到很多不可思议的事。

在力所乡一个叫阿佤莱的寨子，我们遇到一个小伙子正在路边卖自家杀的猪肉，他把6斤4两当成了5斤4两卖给我们，我们提醒他算错了，但他说："别啰唆，快拿了走吧！"他宁愿少收10元，也不承认自己看错秤。

在阿佤山，一个男人的声誉和面子历来比什么都重要。但有时也不全是为了面子，是为了心中痛快：我们在岳宋遇到一位佤族大妈买了一箱啤酒，她自己背不动，店主提议让她出2元钱，就可以帮她用微型车送货到家。大妈却拒绝了，她宁愿花5元钱买了两瓶啤酒，请一个佤族小伙子喝，让他帮忙背到家中，看着喝啤酒的小伙子这样开心，大妈也十分高兴。

还有，"今朝有酒今朝醉"用在佤族男人身上是最合适不过了：2005年政府在修西盟至孟连的公路，一些佤族农户被招来做工。工程管理方遇到了问题：他们一般来工作3天就开始要工钱，而且必须得付。管理者只得给他们付3天的工钱。付完以为他们

会好好工作，想不到他们拿到 3 天的工钱就回了家呼朋唤友打酒喝去，不上工地了。一周以后，他们又回到工地要求工作。因为他们拿到的工资已经花完。为便于管理和考虑到工期要求，工程管理者决定不用佤族民工，但这些佤族男人又不答应了，说：“你们汉人看不起佤族！”此事让管理者非常头痛。

总之，坚决不做自己不愿意做的事，只有佤族同胞才能够做得到：20 世纪 80 年代后期，大规模扶贫开始以后，政府通知一个佤族贫困户去领取政府无偿提供的化肥，由于路远，他不愿意去背。后来经过说服终于来了，却故意在途中路边树枝上把化肥袋刺破，让化肥边走边漏，等到家时，化肥漏光了，他把袋子留下来用了。

别看他们生活得这么随意率性，但对于传统的“阿佤理”却一丝不苟。比如居住在西盟翁嘎科的佤族新米节这件事，无论有天大的事，在“吃新米”这天都要闭门谢客，关起门来吃饭，连

嫁出去的女儿也不许进门。而且吃的时候不准讲话，更不准掉饭，万一谁不小心真掉了，别人也不能说，还也不能捡，因为掉了的就捡不回来了。而如果有人忍不住开了腔，那整个仪式就得重新来：主妇戴上全部首饰盛装重新到田里采新鲜的稻穗，一路小心翼翼不回头也不说话，重新滴酒祭祀新谷，把谷壳用脚搓脱掉，然后重新用老鼠干巴煮成一小锅干饭，把门关上再重新来吃。此时如果有人叫门，那是坚决不能应声更不能开门的。

传统的“阿佤理”中，还有一种神奇的“神判”，即在一些严重事件的认定上发生争执的时候，比如被指责偷盗、失火、通奸的人不承认，那就要用“神判”了，这是佤族公认的“审判”方式，来帮助确认事实。

神判首先有一个较高的门槛，来考验双方的决心，这在一定程度上就已经检验了争执的真实性、事情的严重性。要争执双方都付出较高的代价：出血为常见标记。这样门槛高了，就不会轻易发生此类争执，一定是很有必要，才需要进行神判。

神判有多种方式。如开水捞物。将石头鸡蛋等等投入沸腾开水中，捞出来以后，用竹片刮皮肤，谁的烂谁输。又如用弩射小腿：按照同一刻度，做出两个箭头一样尖一样长的弩箭，用弩在同等距离——比如距离10厘米——射双方小腿，两个人的弩箭一起拔，谁先出血谁输。再如棍棒互打。争执双方用同样粗细的棍棒，在指定的位置站好，互打。旁边有证人在场。有时地点都选择在一个不偏不倚的中间位置：比如两村之间的位置，班帅和

岳宋之间就曾经出现过，班帅某男人怀疑岳宋一男子与其妻有染，两人各自约了一帮人作为证人，到两村交界的班帅河，互打后班帅的先出血了，所以他输了，意味着他的指控不实。1970年，班帅三社失火，一个副组长怀疑是社员岩哈引起的，岩哈不承认，说：不信你用枪打我，副组长用79式步枪打了他，当时没有出血，后来社员死了，副组长被判刑劳改。据说后来查明，的确是一个小孩子玩火柴不慎引发的。

这样的奇事、趣事太多了，只要你身临其境，就像打开了一本神奇的书，让你手不释卷。

难舍普洱，沉醉天赐

（代后记）

普洱与生俱来就没有完结篇——在这套《普洱旅游系列丛书》成书付梓之际，我们心头都回荡着这样一句话。

将美好清澈、丰富多彩的普洱让世人分享，令普洱来一个惊艳的亮相，以一种书卷的温柔雕塑出千古茶乡、旅游天堂的立体魅力，便是这套《普洱旅游系列丛书》的发端。

丛书第一辑《普洱·绿色之旅》包含四种图书：

《醉普洱——普洱经典人文地理》 处处人文，处处地理，更处处历史，把饱含深度的普洱从世人向未留意过的古韵今音里娓娓道来……

《慢光阴——绿色普洱的别样时光》 于自在、自足、自得间融入这养生休闲的理想之地，满眼满心的绿是浸润进身体每个细胞的那种生命的跳跃与灵魂的畅爽，光阴慢，人不老！

《绿海仙境——玩转普洱》 是信息满满的宝典，是普洱所有不能错过的旅游线路和风景，还把普洱旅途中吃、住、行、游、购、娱一一奉上，玩转普洱不是梦！

《山川如是——普洱旅游导游词精选》 用一种工笔素描的精细功力，让你形成对普洱历史、地理、人文、经济、社会的立体认知。

丛书第二辑《普洱 · 快乐之旅》由三种图书组成：

《快乐普洱——马上出发》是完备的自助游小攻略，带你去普洱看最美的风景，玩最好玩的地方，吃最有特色的美食。出发吧，眼睛与舌尖都已不能等待！

《风情普洱——纯净 · 本真之旅》令你爱普洱，更爱这块土地上那热情神秘的民族风情。哈尼族、彝族、拉祜族、佤族、傣族各民族，风情万种，藏于深山。随他们到达那绿海深处，来一次纯净本真的风情之旅，灵魂也会为之欢欣荡漾！

《普洱道——相约 · 寻茶去》细说一系列茶景、茶乡、茶人、茶事，道出“茶马古道”“普洱茶乡”的秘密，深度探析普洱以茶文化为红线串起的新兴旅游产业之魅力。一起去吧，寻找传说中极品普洱之所在，寻找茶与人的芬芳情缘……

普洱就像拉祜歌曲《实在舍不得》中唱的：“最怕的就是要分开，要多难过有多难过，舍不得，舍不得，我实在舍不得”，那种一见钟情、魂牵梦萦的相思，在组织编写这套丛书的过程中，被我们结结实实地体验了一回！而正是这样的情愫，让我们对捧付读者面前的这套小书心存忐忑——究竟我们有没有用自己的笔写尽普洱的无数神奇、方方面面的优越？到底我们能不能以手中的镜头尽现普洱的太多美丽、丝丝缕缕的奇妙？这套两辑七本的小书是否浓缩尽了普洱的精华与神韵？或许她的好，只有你亲自来，才能饱览饱尝！

大半年前，为了进一步揭开普洱的神秘面纱，让世人真正认识普洱，我们聚到一起——普洱市旅游发展委员会牵头，云南人民出版社策划编辑出版，约请作家采风普洱执笔成书，终得以将这套丛书奉献于世人面前。而在成书过程中，普洱人更爱普洱，非普洱籍人认了普洱为精神故乡，这其间的种种，令我们每个人动容。数十位专家、领导为丛书的编辑出版付出了辛劳，在此，我们衷心感谢参与丛书工作和付出深厚感情的每一个人、每一个团队、每一个组织！

唯愿有朝一日，你来普洱，手执这套《普洱旅游系列丛书》，在这个白云与众神居住的地方，尽情享受时光，享受生命……

编委会

2015 年 5 月

图书在版编目（CIP）数据

风情普洱：纯净本真之旅 / 梁荔，刘军著．-- 2 版．-- 昆明：云南人民出版社，2015.5
（普洱旅游系列丛书．普洱·快乐之旅）
ISBN 978-7-222-13149-1

Ⅰ．①风… Ⅱ．①梁… ②刘… Ⅲ．①少数民族－民族文化－普洱市②少数民族风俗习惯－普洱市 Ⅳ．① K280.743 ② K892.474.3

中国版本图书馆 CIP 数据核字 (2015) 第 100269 号

风情普洱——纯净·本真之旅

梁荔 刘军 著

责任编辑：陈浩东 崔 洋
装帧设计：杜佳颖 南 舟
责任校对：苏 娅
责任印制：马文杰

出 版：云 南 出 版 集 团
云南人民出版社
发 行：云南人民出版社
地 址：昆明市环城西路 609 号
邮 编：650034
网 址：http:ynpress.yunshow.com
E-mail: rmszbs@public.km.yn.cn
开 本：787 × 1092 1/32
印 张：5.25
字 数：80 千
版 次：2015 年 5 月第 2 版第 1 次印刷
印 刷：昆明卓林包装印刷有限公司
书 号：ISBN 978-7-222-13149-1
定 价：26.00 元